JN239332

事業者必携

◆税率10%、軽減税率制度に対応!◆

入門図解 **消費税のしくみと申告書の書き方**

公認会計士
武田 守 監修

三修社

はじめに

　消費税は、日本で導入されてから30年が経過します。消費税は他の税金と比べればまだ歴史が浅いのですが、長い歴史のある所得税や法人税と肩を並べるほど、現在では国などにとって重要な財源になっています。また、買い物のレシートを見れば消費税が載っているように、私たちの普段の生活に密着したとても身近な税金でもあります。

　その消費税の税率が令和元年10月より10％となりました。これまでの３％、５％、８％を経て今回で４度目の税率変更となり、さらに軽減税率も導入され、日本で初めての消費税の複数税率制度となっています。複数税率制度では、類似する商品や全くの同じ商品であったとしても、商品の素材や購入方法などによっては異なる税率が適用される場合があります。これは、商品の購入者も販売者も税金がどれだけかかるのかという金銭面だけではなく、どのようにして８％や10％といった複数の税率を混乱することなく識別していくかという運用面においても、気を配っていく必要があるということです。そのため、消費税に関する正しい知識を持つことがより一層重要となっています。

　本書は、消費税の基本的なしくみから、複数税率制度の下での様々な消費税の取扱いを説明した入門書です。最新の情報に基づいて、軽減税率制度による税率の判断方法や消費税の計算方法、さらには令和元年度で初めて納税を行うために必要な消費税申告書の記載方法も取り上げているため、税務申告などの実務でも利用できるようになっています。

　本書をご活用いただき、皆様のお役に立てていただければ監修者として幸いです。

監修者　公認会計士　武田　守

Contents

Q & A

第1章

税率アップに対応！消費税のしくみ

1 消費税とはどんな税金なのか

消費者が広く公平に負担する間接税である

● 消費税とはどんな税金か

消費税とは、「消費をする」という行為に税を負担する能力を認め、課される税金です。「消費をする」とは、物を購入する、賃借する、情報などのサービスを受ける、というような行為です。

消費税を負担するのは法人・個人にかかわらず消費行為をした「消費者」です。消費税は、消費者から商品やサービスの代金といっしょに徴収されますが、実際には誰が納付するのでしょうか。

消費税は、実は税金を徴収した店や会社が納付することになっています。このように税の負担者が直接納付せず、負担者以外の者が納付するしくみの税金を間接税といいます。

平成元年4月に3％の税率で導入された消費税は、平成9年4月1日から5％に、平成26年4月1日から8％、そして令和元年10月1日からは10％に税率が引き上げられました（国税7.8％及び地方税2.2％）。

店や会社などが消費税を徴収する場合、その表示方法は、「税込」価格として本体価格と消費税を総額で表示することが原則となっています。ただし、平成26年4月以降の消費税率引上げに伴い、税抜価格での表示が認められるようになり、この総額表示義務は当面の間緩和されています（14ページ）。

さらに、令和元年10月1日より、後述するように消費税の軽減税率制度が開始され、令和5年10月1日からは適格請求書等保存方式が導入されます。

● 具体例で見る流通の流れと消費税の申告・納付

　消費税は、店や会社などの事業者が消費者の代わりに徴収して納めるしくみです。買い物をしたときに店から受け取るレシートを見ると、「本体○○円、消費税××円」というように、内訳に消費税額が記載されています。しかし、この金額は、そっくりそのまま税務署へ納められるわけではありません。

　消費税を納めるべき事業者は、商品やサービスを消費者へ供給する立場ですが、一方で商品を仕入れたり備品などを購入するため、消費者の立場でもあります。つまり、事業者は物品の購入等と共に税を負担し、消費者からは、売上と共に税を徴収しているということになります。

　もし、徴収した税額のみを納めた場合、自身が負担した消費税はコストの一部となり、販売金額に上乗せされてしまいます。そうなると、税額が流通ルートに乗って、雪だるま式にふくれあがってしまうわけです。消費税の計算は、このような「税の累

■ 消費税のしくみ ……………………………………………………

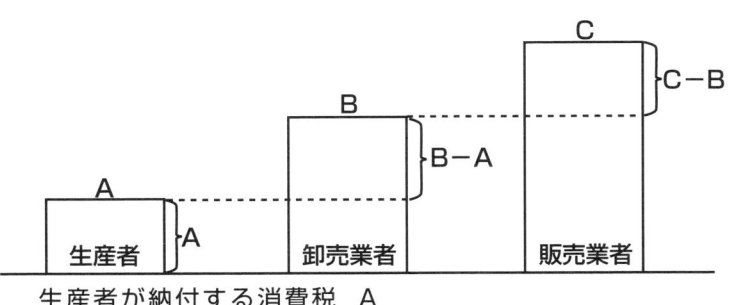

```
生産者が納付する消費税    A
卸売業者が納付する消費税   B－A
販売業者が納付する消費税   C－B
納付される消費税の合計   ＝A+(B－A)+(C－B)
              ＝C
              ＝最終消費者が負担する消費税
```

積」を排除するため、徴収した税額から負担した税額を控除して納めるしくみになっています。

　具体例を使って、商品の製造から消費者に届くまでの流れを見ていきましょう。税率は10％とします。ある商品が製造業者甲社、卸売業者乙社、小売業者丙社を経て消費者に渡るとします。甲社は販売価格10,000円の商品を作ったとします。これに対する消費税額は1,000円です。この商品を乙社に販売した場合、甲社は乙社から徴収した1,000円の消費税を申告、納付します（製造のためのコストはなかったものとします）。

　乙社は10,000円で甲社から仕入れた商品を、丙社に20,000円で販売したとします。乙社は丙社から20,000円と消費税2,000円を徴収します。乙社が受け取った消費税は2,000円ですが、ここから甲社へ支払った1,000円を控除し、残額の1,000円を申告、納付します。

　丙社は、乙社から20,000円で仕入れた商品を、消費者に30,000円で販売したとします。消費者から徴収した消費税額は3,000円です。丙社は、消費者から徴収した消費税額3,000円から乙社へ支払った2,000円を控除して、1,000円を申告、納付します。消費者は、最終的に丙社を介して消費税を納めたことになります。

　ここで、甲社から消費者までの納付税額の流れを、１つの算式にしてみましょう。

1,000円＋（2,000円－1,000円）＋（3,000円－2,000円）＝3,000円

　つまり、納められた消費税の合計額は、最終消費者が負担した3,000円と一致するということになります。甲社、乙社、丙社はそれぞれ分担して税を納付しているわけです。

◉ 滞納には気をつける

　消費税は間接税という性質上、たとえ事業が赤字であったとしても、納税義務が生じる場合があります。詳しくは40ページで後

述しますが、消費税は消費行為を行った時点で発生するため、代金が回収できていなくても納税義務が生じる場合もあります。つまり、お金の流れと税の納付との間には時差があるということです。預かったお金をそのまま納付するしくみではないため、消費者に負担を求めなかった場合にも、事業者側の納税義務があるわけです。消費税は、滞納が多い税金だというデータがあります。これは、お金の動きが流通について行かず、事業者が資金不足に陥ってしまうためだと考えられます。

● 消費税率の変更でどんなことに気をつければよいのか

　消費税率が令和元年10月より８％から10%に変更になったことに関連して、一部の経過措置（新しい制度に移行する際に生じる不利益や不都合を解消するための、一時的な対応のこと）が設けられています。経過措置は大きく分けて以下の３つです。

① 　消費税還元セールの禁止

　消費税率が引き上げられた際に、「消費税還元セール」など、あたかも消費者に消費税を負担させていないかのような誤解を与える宣伝文句は、禁止されています。消費税相当分の値引きをした場合でも、値引き後の販売価格には消費税が含まれています。消費税相当分の値引きを行うという表現は、消費者の誤解を招くと共に、他の事業者が消費税の増額分を消費者から徴収しにくくなるため、規制されています。

② 　総額表示義務の緩和

　平成25年10月１日以降、値札などに税込価格で表示する「総額表示義務」が緩和されています。これは、消費税が５％から８％に変更される際に導入された緩和措置で、令和元年10月に10%に変更されても、事業者に事務負担をかけないための措置として一定期間緩和が継続されています。具体的には、令和３年３月31日

までは、税抜価格であることを明確にした上で外税表示にすることや、税抜価格を強調して表示することが認められています。

③ 旧税率8％が適用される場合

令和元年10月1日からは、消費税率が10％に引き上げられました。ただし、令和元年9月30日以前から継続して供給している電気、ガス、水道料金等で、令和元年10月1日から令和元年10月31日までに支払いが確定するものなど、一定の契約については旧税率8％の適用を認める経過措置が適用されます（17ページ）。

◉ 税率引上げに伴い価格はどうなるのか

消費税は、消費全般に対して課税されます。消費者が商品を購入する際に負担するのはもちろんですが、事業者が商品を製造するために仕入れる材料に対しても課税されることになります。つまり、消費税率が引き上げられれば、商品の製造原価も上昇するということです。事業者としては、販売価格に税率引上げ分の金額を上乗せできなければ、自身がその分を負担しなければならず、経営にも大きな影響が出ることになります。したがって、消費税の引上げにより一般の商品の販売価格も上昇する可能性が高いといえるでしょう。

◉ 便乗値上げは認められない

消費税率の引上げにより、価格の上昇が起こることに関しては、法的な規制はありません。前述したように、ある程度の価格上昇はやむを得ない部分があるでしょう。しかし、それはあくまで税率上昇に伴う適正な範囲の上昇のみです。中には「この機に乗じて値上げをしてもバレないだろう」と必要のない値上げを行おうとする事業者がいるかもしれませんが、消費者の生活に大きな負担を強いる可能性のある便乗値上げはしないよう求められています。

2 総額表示義務について知っ ておこう

消費税引上げに伴う総額表示義務に関する注意点

◉ 総額表示義務とは

総額表示義務は、消費税課税事業者に対して義務付けられたものです。もし、「税抜表示」と「税込表示」が混在してしまう状況になってしまうと、レジ等において総支払額がどの程度になるのかがわかりにくい場合があります。そこで、以下のような価格表示に対して、税込価格を表示すること（総額表示）を義務付け、消費税額を含んだ総支払額が一目でわかるようになりました。

- ・値札、陳列棚、店内の価格表示
- ・商品パッケージに対して印字や貼付する価格表示
- ・新聞、DM、雑誌、カタログなどの価格表示
- ・テレビ、ホームページなどの価格表示
- ・その他、消費者に対して行う小売段階の価格表示

◉ 総額表示義務がなぜ問題になるのか

税込価格を表示し、総額表示されていれば総支払額は一目でわかります。しかし、平成26年4月（消費税率8％）に続いて令和元年10月（消費税率10％）の消費税引上げによって、消費税の課税事業者は幾度も価格表示を変更しなければなりません。これは、消費税の課税事業者にとって、コストや手間などの負担が増大することになります。また、総額表示のまま消費税率が8％や10％と引き上げられれば、消費者に商品価格が値上がりしたという

誤った印象を与えることになりますし、逆に消費税率引上げに便乗した値上げが行われるおそれが生じます。

◉ 税抜価格表示の特例とは

　消費税率の引上げによる税込表示の問題点を解消するため、平成25年10月１日から令和３年３月31日までの間、「消費税転嫁対策特別措置法」（102ページ）によって、税込価格の表示（総額表示）をしなくてもよいとされる特例が定められています。これは、以下の両方に該当する場合、期間内に限って特例が認められます。

・消費税の円滑で適正な転嫁のため必要があるとき
・表示する価格が税込価格であると誤認されないための措置をとるとき

　なお、表示する価格が税込価格であると誤認されないためには、たとえば「当店の商品は税抜表示となっています」などの誤認を防止できるようにわかりやすく説明を記載する必要があります。ただし、これがレジ周辺のみに表示されている場合や、カタログやホームページの申込用紙（申込画面）のみに記載されているような場合は、認められません。同様の説明等が、商品に表示されていたとしても、字が著しく小さいなど、消費者にとって見えづらい場合も、誤認防止措置をとっているとはいえません。

　消費者の立場からすれば、税込価格が表示されていなかったり、店によって価格の表示方法が異なっていたりといった状況は、非常に不便で煩わしいことだといえます。したがって、消費者への配慮から、この特例にはできるだけ速やかに税込表示へ移行しなければならないという、「努力義務規定」も盛り込まれています。

● 個々の値札で税抜価格であることを表示する場合の注意点

　個々の値札で税抜価格を表示することは認められていますので、商品ごとに値札を貼り替える事業者も多いでしょう。その場合、消費者が商品を選択する際に、税抜価格であることが容易に判断できるよう工夫する必要があります。

　具体的には、個々の商品ごとに貼り付ける値札に、「○○円（税抜き価格）」「○○円（本体価格）」「○○円＋税」といった表示を行うことが考えられます。また、スーパーの陳列棚のように、複数並んでいる同じ商品の価格を、まとめて棚札等で表示する場合も、その棚札等に同様の記載を行うことになります。

● 一括して税抜表示をする場合の注意点

　個々の値札で税抜価格であることを明示することが困難である場合には、店内の掲示などによって、すべての商品について一括して税抜価格であることを表示する方法も認められます。

　この場合も、消費者が誤認しないような措置をとる必要があり

■ メニューなどの表示についての注意点 ……………………

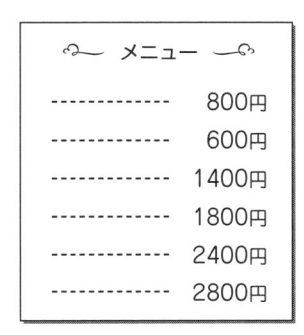

〜 メニュー 〜	
------------	800円
------------	600円
------------	1400円
------------	1800円
------------	2400円
------------	2800円

値下げした商品について、消費税との関連で値下げを行ったことを明示することは禁止！

↓

「税抜価格表示にして、レジにて消費税を精算することを明瞭に表示する」など、対策を検討する必要あり

（表示方法の具体例）
・値札に「税込」または「税抜」・「本体価格」などの表示
・消費者の目に付く場所に以下のような表示
　「当店はすべて税抜表示を行っております」
　「消費税分は別途レジにて請求させていただきます」など

ます。つまり、掲示等によって、個々の商品に記載された金額が税抜価格であることが、容易に認識できるかが重要です。

すべての商品が税抜価格で表示されている場合は、「当店の価格表示はすべて税抜表示となっています」「当店の価格表示はすべて税抜価格ですので、レジにて別途消費税が加算されます」といった内容になります。このような注意書きを、店内の消費者が目につきやすい場所に掲示しなければなりません。

広告やカタログ、WEBに掲載された商品を、一括して税抜表示とする場合は、個々の商品価格の箇所に税抜金額のみを表示し、あわせて消費者が商品等を選択する際に目につきやすい箇所に「本カタログの価格表示はすべて税抜表示となっています」「このサイトの商品はすべて税抜表示となっています」といった表示を行う必要があります。

なお、申込用紙や、申込フォームのみにこのような表示を行うことは許されません。必ず商品選択時に明瞭に認識できる箇所に表示しなければならないことに注意が必要です。

● 一部の商品について税抜価格を表示するとき

新税率による税込価格を表示している店内で、広告掲載の商品など、一部の商品について税抜価格で表示したい場合もあるでしょう。

その場合は、値札等に税抜価格であることを表示した上で、「当店では、税込表示の商品と税抜表示の商品があります。税抜価格の商品につきましては、値札に『税抜』と表示しています」といった掲示を行う方法、あるいは、税込の商品と陳列棚等で明確に区分し、「この棚に陳列してある商品はすべて税抜表示となっています」「この棚に陳列してある商品はすべて税込表示となっています」といった掲示を行うこともできます。

3 旧税率８％が適用される経過措置について知っておこう

令和元年10月以降の引渡しでも旧税率が適用されるケースがある

◉ 税率引上げに伴う混乱回避のための措置

　令和元年10月１日より新税率である10％が適用されました。しかし、適用開始日から急に取扱いが変わったのでは、物・サービスを提供する事業主側だけでなく消費者側にも混乱が生じる場合があります。

　そのため、以下に記載する一定の取引については経過措置が設けられており、税率８％の適用が認められています。なお、後述の軽減税率８％とは制度が異なるため、次ページ以降では経過措置が適用される場合には、便宜的に「旧税率８％」と表記しています。

- ・旅客運賃等

　　例：電車、バスなどの料金、映画館の入場料金

- ・公共料金等

　　例：電気料金、電話の通話料、インターネット通信料金

- ・工事の請負等

　　例：建物の建設、機械の設置、ソフトウェアの開発など

- ・資産の貸付等

　　例：建物の貸付、リースなど

- ・指定役務の提供

　　例：冠婚葬祭の礼服、式場の提供

- ・予約販売に関する書籍等

　　例：書籍の予約販売

- 通信販売等
  例：新聞、テレビ、チラシ、インターネット等の通信販売
- その他
  例：長期割賦販売、特定新聞等、有料老人ホーム、リース

● 指定日が基準になるものと適用開始日が基準になるものがある

　経過措置には、平成31年4月1日（指定日）を基準とするものと、令和元年10月1日（適用開始日）を基準とするものがあります。

　たとえば、前述した旅客運賃等（映画の前売りチケットやJRなどの定期券、回数券、前売り乗車券、プロ野球の年間予約席など）については適用開始日を基準としており、適用開始日前（令和元年9月30日まで）に代金を支払っている分については、旧税率8％が適用されます。この事情をふまえて「令和元年9月までに、10月以降の定期券を購入した」という人もいるでしょう。

　このように、実際の利用や受取り、引渡しが令和元年10月以降でも、旧税率8％が適用される取引があります。以下、おもなものについて見ていきましょう。

● 令和元年10月以降に引渡しを行う請負や製造契約

　建築工事などの請負契約や製品の製造契約については、平成25年10月1日から指定日の前日（平成31年3月31日）までの間に締結した契約であれば、令和元年10月以降に引渡しなどが行われる場合であっても、旧税率8％が適用されます。

　つまり、平成31年4月以降に契約した請負工事などで引渡日が令和元年10月以降のものであれば、旧税率8％ではなく新税率の10％が適用されます。ただし、指定日以降に契約して令和元年10月以降に引渡しを受ける工事でも、長期大規模工事などの場合で

旧税率8％の適用が認められるケースはあります。

● 令和元年10月以降に貸付を行う賃貸借やリース契約

　資産の賃貸借・リース契約については、ⓐ平成25年10月1日から指定日の前日までに契約が締結されていること、ⓑ適用開始日前から引き続き貸付が行われていること、さらにⓐとⓑに加えて、下記の3つの要件のうち、①と②、または①と③に該当する場合には、旧税率8％が適用されます。

　ただし、所得税法・法人税法上、売買として取り扱われるリース取引については、この経過措置は適用されていません。

---

①　当該契約で貸付期間及び貸付金額が定められていること
②　貸付側の事情等により貸付金額の変更ができないこと
③　契約期間中に中途解約できず、期間中に貸付側が貸付資産の取得にかかった額（付随費用含む）の90％以上を賃借側が支払うこと

● 令和元年10月以降に行われる指定役務の提供

　指定役務とは、割賦販売法に定める前払式特定取引のうち指定役務の提供を指します。具体的には冠婚葬祭のための施設の提供などのことです。

　これらの契約を指定日の前日までに締結し、適用開始日後に役務の提供がされる場合で、役務の提供前に代金の一部または全部を支払うことになっているとき、以下の①と②に該当する場合は旧税率8％が適用されます。

　ただし、指定日以後に契約代金の額が変更になった場合、経過措置は適用されませんので注意が必要です。

● 令和元年10月以降に受け取る予約販売や通信販売

　月刊や週刊、年刊など、書籍の定期購読契約等で、指定日前に締結したものについては、適用開始日前に書籍の代金の一部または全部を支払っている場合、書籍の引渡しが適用開始日以後であっても、あらかじめ支払った部分の書籍代金については旧税率8％が適用されます。

　また、平成31年3月31日までに新聞、テレビ、チラシ、インターネットなどで価格等が提示され、購入者が不特定多数の通信販売で申込が適用開始日前に行われたものについては、商品の引渡しが適用開始日後であってもその商品については旧税率8％が適用になります。

■ 経過措置と指定日・適用開始日 ……………………………………

```
平成31年              令和元年
4月1日               10月1日
   ▲                   ▲
  指定日              適用開始日
```

- **指定日を基準とする経過措置**
  →請負工事等、資産の貸付、指定役務の提供、予約販売、通信販売、有料老人ホームへの入居契約
- **適用開始日を基準とする経過措置**
  →旅客運賃等、公共料金等、特定新聞

● 令和元年10月以降に行われる有料老人ホームのサービス

指定日の前日までに締結した老人福祉法29条1項規定の終身入居契約（一時金を支払うことで老人ホームに終身入居する権利が得られるもの）について、令和元年10月以降にサービス提供が行われる場合の経過措置です。以下の2つの要件を満たしている場合、令和元年10月以降に行われる一時金に対応する役務提供については旧税率8％が適用されます。

> ① 入居期間中の介護料金を一時金として支払っていること（消費税が課されるもののみ）
> ② 一時金の額を事業者の事情等により変更できないこと

● 旧税率8％の場合の税金計算の注意点

旧税率8％は、軽減税率と同率になります。しかし、消費税は国税部分の消費税額と地方消費税を合わせたものであり、旧税率と軽減税率では国税部分と地方消費税の適用税率が下表のとおり異なります。消費税の税金計算は、国税部分と地方消費税を分けて行われるため、旧税率と軽減税率の消費税も分けて計算し、両者が混同しないように注意する必要があります。

（各消費税率の内訳）

	標準税率	軽減税率	旧税率 （経過措置）
消費税（国税分）	7.8%	6.24%	6.3%
地方消費税	2.2%	1.76%	1.7%
合計	10%	8%	8%

4 納税事業者や課税期間について知っておこう

まずは課税事業者か免税事業者かを判定するところからはじまる

● 納税義務者はどうなっているのか

税金を納める義務のある者のことを「納税義務者」といいます。消費税の納税義務者は、「事業者」と「外国から貨物を輸入した者」（輸入取引については43 〜 44ページ）です。

「事業者」とは、個人で商売を営む経営者や会社など、事業を行う者のことをいいます。

ただし、すべての「事業者」が納税義務者になるわけではありません。小規模の会社や個人経営者にとっては、本業の経営を行う傍らで税金を計算するという作業は非常に負担がかかります。このような小規模事業者への配慮から、前々年度の課税売上が1000万円以下であるなど一定要件を満たす事業者については、消費税を納付する義務がありません。

ちなみに、消費税を納める義務がある事業者のことを**課税事業者**、消費税を納める義務がない事業者のことを**免税事業者**といいます。

● 課税期間とは

課税期間とは、消費税を申告するための計算単位となる期間のことをいいます。個人の場合は1月から12月までの暦年、法人の場合は年度の期首（決算期間の初日）から年度末（決算期間の最終日）までの一事業年度が課税期間です。「課税事業者」は、この課税期間中に行った取引について、納めるべき消費税を計算して納付します。

また、一定の手続きを行うことにより、特例として課税期間を3か月間または1か月間ごとに短く区切ることができます。これを**課税期間の短縮**といいます。たとえば多額の設備投資を行った場合など、税金が還付される場合には、この制度の適用を受けると早く還付を受けることができます。ただし、いったん課税期間短縮の手続きを行うと、2年間継続して適用されることになります。申告のために費やす事務負担が増えることになるので、課税期間を短縮するメリットがあるのか、慎重に検討する必要があります。

◉ 納税義務が免除されるのはどんな場合か

　国内で事業を行う事業者の中にも、納税義務が免除される場合があります。納税義務が免除されるかどうかは、前々年度の課税売上で判定するということを前述しました。このように、判定の基準となる期間のことを**基準期間**といいます。

　個人事業者の場合、課税期間は1月から12月までの暦年で区切られます。したがって前々年がそのまま基準期間となります。たとえ基準期間の途中で開業した場合でも、後述の法人のように換算計算などは行いません。

■ 納税事業者と課税期間 ……………………………………………

（輸入取引）外国から貨物を輸入した者

（国内取引）事業を行う法人・個人　➡　納税義務者

事業年度が
4/1〜3/31の法人の場合

課税期間を
3か月に短縮する届出を行った場合

4/1 〜 3/31	4/1〜6/30	7/1〜9/30	10/1〜12/31	1/1〜3/31
課税期間	課税期間	課税期間	課税期間	課税期間

一方、法人の基準期間は、1年決算法人（会計上の事業年度の期間を1年としている法人のことをいう）の場合、その事業年度の前々事業年度です。

　前々事業年度が1年未満である場合は、その事業年度開始日の2年前から1年間に開始した各事業年度をあわせた期間が基準期間となります。基準期間が1年でない法人の基準期間における課税売上高については、たとえば6か月法人であれば2倍、というように1年分に換算し直して計算します。

　基準期間は免税事業者の判定の他に、消費税額の計算方法のひとつである簡易課税制度適用の可否を判定する場合にも利用します。

　納税義務の免除に関する説明に戻ります。免税事業者になる場合とは、基準期間中の課税売上高が1000万円以下である場合です。課税売上高とは、消費税の対象となる収入の合計金額をいいます。

　なお、基準期間が前々事業年度であるということは、設立したばかりの法人については、基準期間がないということになります。そこで、設立1年目または2年目で基準期間がない法人は、基準期間における課税売上高もないため、免税事業者となります。ただし、後述するように、例外として課税事業者に該当する場合もありますので、注意が必要です。個人の場合、暦年で計算するため、開業以前でも基準期間は存在しますが、開業して2年間は、基準期間の課税売上高はゼロで免税という取扱いになります。

　免税事業者となった課税期間において、多額の設備投資を行うなど消費税の還付を受ける場合は、届出を提出することにより課税事業者の選択をすることができます。ただし、いったん課税事業者の選択を行うと、2年間は継続して適用されます。課税事業者の選択をする場合には、翌課税期間以降のことも考慮して、慎重に検討する必要があります。

　基準期間における課税売上高が1000万円以下であるにもかか

わらず、例外として課税事業者となるケースがあります。まず、「特定期間における課税売上高」が1000万円を超える場合です。次に、基準期間開始の日において「資本または出資の額が1000万円以上の法人」の場合です。最後に、「特定新規設立法人」に該当する場合です。これらの特例については、後述します。

　なお、事業を相続した個人や分割、合併のあった法人については、基準期間の課税売上高に相続前、分割、合併前の売上高が加味されます。通常の開業初年度の取扱いとは異なりますので、注意が必要です。

◉ 特定期間の課税売上高によって課税事業者となるケース

　基準期間の課税売上高が1000万円以下でも、前事業年度開始の日から6か月間の課税売上高が1000万円を超える場合には納税義

■ 免税事業者となる場合 ⋯⋯⋯⋯⋯⋯⋯⋯⋯⋯⋯⋯⋯⋯⋯⋯⋯⋯

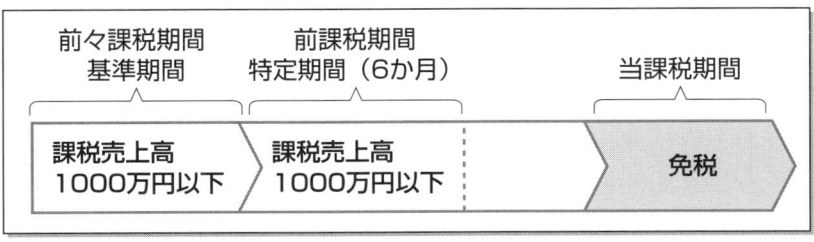

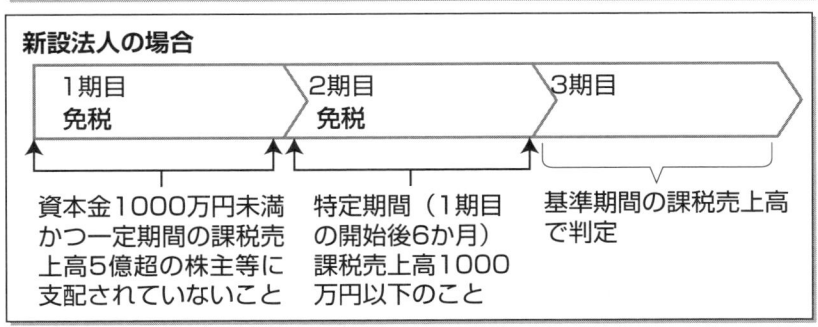

務は免除されません。つまり課税事業者として取り扱われます。

前事業年度開始の日以後6か月間の期間のことを**特定期間**といいます。前事業年度が7か月以下である場合は、前々事業年度開始の日以後6か月間が適用されます。

なお、判定の基準については、課税売上高に代えて、支払った給与等の金額の合計額で判定することもできますので、いずれか有利な方法を選択します。

◉ 資本金1000万円以上の新設法人は課税事業者となる

資本金が1000万円以上ある新設法人の場合は、納税義務が生じます。新設法人は基準期間がないので、通常であれば免税事業者です。しかし、ある程度の規模の法人については、納税する資金力があるものとみなされ、特別に課税事業者にされてしまうというわけです。判定のタイミングは、「事業年度開始の日」の状態です。たとえば法人設立時の資本金は1000万円であったが、期中に減資を行い、2年目の期首には資本金が900万円になっていたとします。この場合、1年目は課税事業者ですが、2年目は免税事業者という取扱いになります。

なお、資本金1000万円未満であっても課税事業者となってしまうケースもあります。以下で説明していきます。

◉ 資本金1000万円未満の法人が課税事業者になるケース

資本金が1000万円未満の法人は、通常であれば免税事業者ですが、特別に課税事業者となるケースがあります。

つまり、資本金が1000万円未満であっても、特定新規設立法人に該当する場合には課税事業者になりますので、注意が必要です。

特定新規設立法人とは、次の2つの要件にあてはまる法人です。

① 株主から直接または間接に50％超の株式等の出資を受けているなど、実質的にその株主に支配されている状態であること

② ①の株主またはその株主と一定の特殊な関係にある法人のうち、いずれかの者の当該新規設立法人の基準期間に相当する期間における課税売上高が5億円超であること

　つまり、売上が5億円を超えるような大規模な会社から出資を受けた法人は、納税する余力があるとみなされるというわけです。

● 納付税額の計算方法について

　消費税の課税事業者となった場合、課税期間を一単位として納付税額を計算しなければなりません。納付税額の計算方法には、大きく分けて「原則課税」と「簡易課税」という2つの方法があります。詳細については45ページ（原則課税）、56ページ（簡易課税）で説明しますので、ここではざっくりと概要だけ見ていきましょう。

　消費税の基本的な考え方は、消費者から徴収した税額から事業者自身が負担した税額を控除するというものです。この考え方に即した計算方法が原則課税です。原則課税では、一課税期間中の売上に含まれる消費税額から、仕入に含まれる消費税額を控除した残額が納付税額となります。課税取引に分類される売上と仕入をそれぞれ集計し、それぞれに含まれる消費税額を計算するというイメージです。なお、この場合の売上、仕入とは、帳簿上に記載された勘定科目名に関係なく、消費税の計算の対象となるような収入、支出をいいます。つまり営業外の収入や、資産の購入・売却なども該当するということです。

次に簡易課税ですが、これは文字どおり簡易に省略した計算方法です。基準期間における課税売上高が5000万円以下である事業者に対し、選択により適用することができる方法です。

　一般的に、仕入に対する消費税額を計算するのは、非常に煩雑です。なぜなら、仕入や経費など一つひとつの取引を、課税、非課税などと分類することは、非常に地道で手間がかかる作業が必要となるからです。そこで、卸売業、小売業、製造業、サービス業など業種別に大まかな「みなし仕入率」をあらかじめ定めておきます。みなし仕入率とは、売上のうちに仕入が占める割合をいいます。売上にこの「みなし仕入率」を掛けた仕入控除税額を、売上に含まれる消費税額から控除することで納付税額を計算するという方法が簡易課税となります。実際の課税仕入の金額を計算する必要がないため、計算が簡単にすみます。中小企業や個人経営者のような小規模事業者の事務負担を減らす配慮からできた制度といえます。

■ 原則課税と簡易課税の計算方法 ……………………………………

●原則課税方式

事業者の支払う 消費税の納付税額	=	売上に含まれる 消費税額	−	仕入に含まれる 消費税額

●簡易課税方式

事業者の支払う 消費税の納付税額	=	売上に含まれる 消費税額	−	みなし仕入率の 仕入控除税額

※簡易課税方式は基準期間における課税売上高が 5000 万円以下の事業者が対象
　業種ごとの「みなし仕入率」の割合は以下の通り
　第 1 種事業(卸売業):90%　第 2 種事業(小売業):80%　第 3 種事業(製造業等):70%
　第 4 種事業(その他の事業):60%　第 5 種事業(サービス業等):50%
　第 6 種事業(不動産業):40%

※令和元年 10 月 1 日を含む課税期間(同日前の取引は除く)から、第 3 種事業である農業、林業、漁業のうち消費税の軽減税率が適用される飲食品の譲渡を行う事業を第 2 種事業とし、そのみなし仕入率は 80%(従来は 70%)が適用される。

Q 課税事業者と免税事業者ではどちらが有利なのでしょうか。課税事業者になるための手続きや免税事業者に戻るための手続きを教えてください。

A 課税事業者と免税事業者とでは、一概にどちらが有利とはいえず、あくまでケースバイケースです。これは、実際に納付する消費税額だけを考えるのではなく、他に発生するコストなども勘案しながら総合的に判断する必要があるためです。

また、令和5年10月から導入されるインボイス制度により、免税事業者の位置づけが大きく変わってきますので、これによっても有利・不利に影響を及ぼしてくると考えられます。

ここで、免税事業者が有利になる場合と課税事業者が有利になる場合を見てみましょう。

●**免税事業者が有利になる場合**

たとえば、預かった消費税が1,000、支払った消費税が800として、支払った消費税が全額仕入税額控除できるとします。

課税事業者の場合は、200（＝1,000−800）の消費税を納めることになります。これは、課税所得が赤字で法人税が発生しなかったとしても、消費税を納める必要があります。

一方、免税事業者の場合には消費税はかかりませんが、預かった消費税は益金、支払った消費税は損金となりますので、仮にこれ以外の課税所得がゼロとした場合に、法人税率を30％とすると、60（＝（1,000−800）×30％）の税金を納めることになり、課税事業者よりも免税事業者のほうが有利になるといえます。もし、他の課税所得がマイナス60などの赤字になる場合には、法人税自体も発生しません。

また、免税事業者は、国に納めるための消費税の計算や申告を行う必要がありませんので、消費税申告書などを作成するコストも節約できるといった点も有利に働くということになります。

●課税事業者が有利になる場合

たとえば、預かった消費税が800、支払った消費税が1,000として、支払った消費税が全額仕入税額控除できるとします。

課税事業者の場合は、マイナス200（＝800－1,000）の消費税となり、消費税の還付を受けることができます。

一方、免税事業者の場合は消費税の還付を受けることができません。従って、預かった消費税よりも、支払った消費税の方が多ければ、通常課税事業者の方が有利になります。

さらに、令和5年10月よりインボイス制度が導入され、仕入税額控除が受けられる適格請求書等は、課税事業者のみしか発行できなくなります。もし、ある商品が課税事業者Aと免税事業者Bで同じ価格で売られていたとすれば、AとBどちらから購入するでしょうか。免税事業者Bから購入した場合には、適格請求書の入手ができないため仕入税額控除が受けられず、その分消費税を多く支払うことになるため、通常は課税事象者Aから購入すると思われます。このように、税金面というよりも、売上獲得の機会の観点から課税事業者の方が有利になるということもいえるのかもしれません。

●課税事業者になるための手続き

免税事業者が、課税事象者になるためには、「消費税課税事業者選択届出書」を作成して、納税地を所轄する税務署に提出する必要があります。具体的な手続き等については、185ページ（書式6）を参照してください。

●免税事業者に戻るための手続き

課税事象者が免税事業者に戻るためには、「消費税課税事業者選択不適用届出書」を作成して、納税地を所轄する税務署に提出する必要があります。具体的な手続き等については、186ページ（書式7）を参照してください。

Q 高額特定資産を取得した場合の特例について教えてください。

A 課税期間の基準期間における課税売上高が1,000万円以下の場合では、基本的には免税事業者として消費税の納税義務がありません。しかし、簡易課税制度の適用を受けない課税事業者が、高額特定資産の仕入れ等を行った日の属する課税期間の基準期間における課税売上高が1,000万円以下となった場合には、当該高額特定資産の仕入年度の翌期及び翌々期の課税期間は、消費税が免税されずに課税事業者としての原則課税が強制され、さらには簡易課税制度の適用ができなくなります。

この特例は、簡易課税制度を適用していた事業者が高額特例資産を購入した課税期間では原則課税を適用して消費税の還付を受けて、そしてその翌課税期間では有利な簡易課税制度に戻ることで、消費税の納税を不当に抑えることを防止するために設けられたものです。

高額特定資産の仕入れ等を行った日の属する課税期間の基準期間における課税売上高が1,000万円以下となった場合には、「高額特定資産の取得に係る課税事業者である旨の届出書」を納税地を所轄する税務署に提出する必要があります。具体的な手続き等については、189ページ（書式11）を参照してください。

ここで、高額特定資産とは、１単位当たり税抜1,000万円以上の棚卸資産、または調整対象固定資産をいいます。調整対象固定資産とは、１単位当たり税抜100万円以上の一定の固定資産です。消費税が非課税となる土地などは除かれます。

また、このうち自己建設高額特定資産（他の者との契約に基づき、またはその事業者の棚卸資産若しくは調整対象固定資産として、自ら建設等をした高額特定資産）については、当該自己建設高額特定資産の建設等に要した仕入れ等の支払対価の額の累計額が1,000万円以上

となった日の属する課税期間の翌課税期間から、当該建設等が完了した日の属する課税期間の初日以後3年を経過する日の属する課税期間までの各課税期間においては、課税事業者が強制され、また同期間の簡易課税制度の適用ができなくなります。つまり、仕入額が1,000万円に達した時期と完了した時期が同一の課税期間であればその翌期以降の2年間が課税事象者の原則課税が強制されますが、仮に完了時期が1期後ろにずれた場合には、さらに原則課税の強制が1年延びて3年間になるということです。

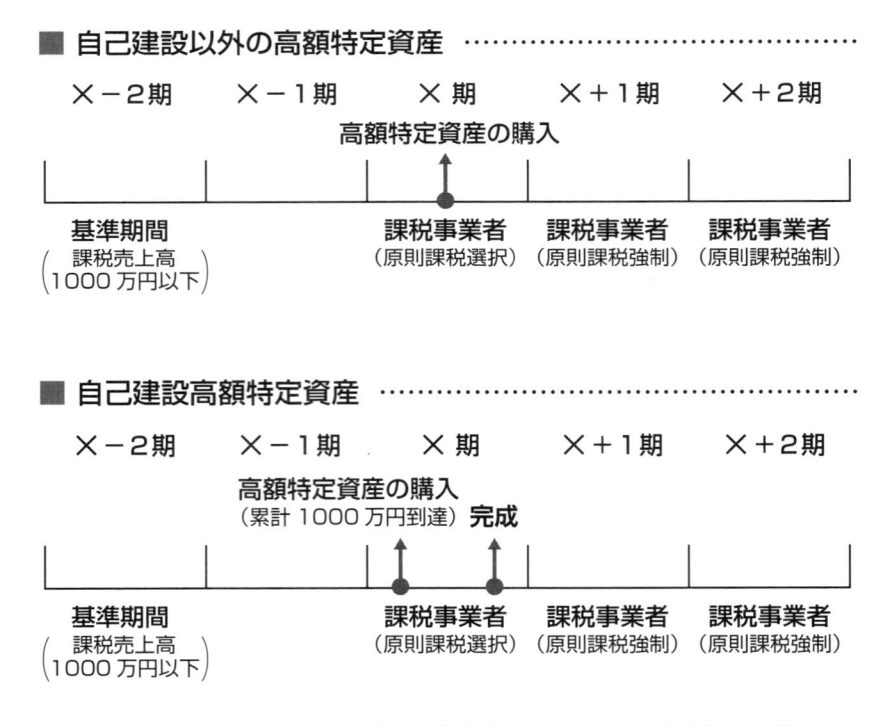

■ 自己建設以外の高額特定資産 ・・・・・・・・・・・・・・・・・・・・・・・・・・・・・・・・・・

| ×－2期 | ×－1期 | × 期 | ×＋1期 | ×＋2期 |

高額特定資産の購入

基準期間
(課税売上高
1000万円以下)　　課税事業者
(原則課税選択)　課税事業者
(原則課税強制)　課税事業者
(原則課税強制)

■ 自己建設高額特定資産 ・・

| ×－2期 | ×－1期 | × 期 | ×＋1期 | ×＋2期 |

高額特定資産の購入
(累計1000万円到達) **完成**

基準期間
(課税売上高
1000万円以下)　　課税事業者
(原則課税選択)　課税事業者
(原則課税強制)　課税事業者
(原則課税強制)

※ 対象となる資産の完成が ×＋1期に延びた場合には、原則課税の強制が ×＋3期までと1年延びることになる。

Q 納税義務が免除される場合の特例について教えてください。

A 小規模事業者の納税事務の負担等を考慮して、その課税期間の基準期間における課税売上高が1,000万円以下の事業者は、その課税期間の消費税の納税義務が免除されす。

ただし、消費税法上は、この免除に対するいくつかの特例を設けられており、その特例の要件を満たした場合には、免税が認められくなります。前述したものも含めてここにまとめると、次のようなものがあります。

① **特定期間の課税売上高等による判定**

特定期間における課税売上高が1,000万円を超えた場合には、その特定期間を含む事業年度（個人の場合は年）の翌事業年度（個人の場合は翌年）から、免税は認められず課税事業者となります（25ページ）。

② **相続があった場合の特例（個人事業者のみの特例）**

その年において相続があった場合において、その年の基準期間における課税売上高が1,000万円以下である相続人が、当該基準期間における課税売上高が1,000万円を超える被相続人の事業を承継したときは、当該相続人の当該相続のあった日の翌日からその年の12月31日までの課税期間は、免税は認められず課税事業者となります。

③ **合併があった場合の特例（法人のみの特例）**

合併があった場合において、被合併法人の合併法人の当該合併があった日の属する事業年度の基準期間に対応する期間における課税売上高が一定の額を超えるときは、当該合併があった日から当該合併があった日の属する事業年度終了の日までの課税期間は、免税は認められず課税事業者となります。

④ **分割等があった場合の特例（法人のみの特例）**

分割等があった場合において、当該分割等を行った法人（新設分割

親法人）の当該分割等により設立された、または資産の譲渡を受けた法人（新設分割子法人）の分割等があった日の属する事業年度の基準期間に対応する期間における課税売上高が一定の額を超える場合には、当該分割等があった日から当該分割等があった日の属する事業年度終了の日までの課税期間は、免税は認められず課税事業者となります。

⑤　**新設法人の特例（法人のみの特例）**

　基準期間がない事業年度の開始の日における資本金の額または出資の金額が1,000万円以上である消費税の新設法人に該当する場合には、基準期間がない場合であってもその期から課税事業者となります（25ページ）。

⑥　**特定新規設立法人の特例（法人のみの特例）**

　上記⑤とは異なり、資本金の額または出資の金額が1,000万円未満であったとしても、次の２つの要件を満たす法人は、特定新規設立法人として課税事業者となります（26ページ）。

・株主から直接または間接に50％超の株式等の出資を受けているなど、実質的にその株主に支配されている状態であること

・上記の株主またはその株主と一定の特殊な関係にある法人のうち、いずれかの者の当該新規設立法人の基準期間に相当する期間における課税売上高が５億円超であること

⑦　**高額特定資産を取得した場合の特例**

　31ページのとおり、１単位当たり1,000万円以上の棚卸資産または１単位当たり100万円以上の調整対象固定資産（高額特定資産）を取得した場合には、一定期間免税事業者になることができず課税事業者のままであることが強制され、また簡易課税制度の選択ができなくなります。

5 消費税が課される取引と課されない取引がある

課税の対象となるための要件をおさえる

◉ 消費税が課される取引と課されない取引がある

　消費税は、すべての消費行為に広く公平に課される税金です。しかし、事業者の見解により徴収の仕方が異なるようでは、公平な課税は成立しません。税金の徴収を事業者にゆだねているというこの制度の弱点を補うためには、消費行為とはどのような取引であるのか、定義を明確にしておく必要があります。

　消費税法では、国内取引と輸入取引とに分けて考えます。まず国内取引から見ていきます。消費税の課税対象となる消費行為とは、①「国内において」、②「事業者が事業として」、③「対価を得て（代金を受け取ること）行う」、④「資産の譲渡等」及び「特定仕入れ」と定められています。

　逆に、上記①〜④のうちいずれか1つでも当てはまらないような取引は、消費行為として消費税が課されるべき取引ではないということです。また、これらに該当する取引の中でも、後述するように特別に課税されない「非課税取引」というものもあります。

　次に輸入取引ですが、税関から国内に持ち込まれる外国貨物については、消費税が課されるというしくみです。反対に国外へ輸出する貨物等については、消費税が免除されます。これは、日本国内で消費されたものにのみ課税し、国際間の二重課税を防ぐためのものです。輸出入取引については、42ページで後述します。

　以下は国内取引に関する内容です。課税取引とはどのようなものをいうのか、もう少し詳しく見ていきましょう。

● 課税取引とは

課税取引とは、上記①～④に定められる取引であり、さらに掘り下げると次のとおりになります。

① 「国内において」とは

資産の譲渡または貸付を行う場合には、その資産の所在場所が国内であるかどうかによって国内取引を判定します。

役務の提供を行う場合には、その提供の場所が国内であるかどうかによって国内取引を判定します。

ただし、通信その他国内と国外の双方にわたって行われる役務の提供などの場合には、その発送地や到着地等のいずれかが国内であれば、国内取引（免税取引）になります。

また、電気通信利用役務の提供（インターネットなど）については、その役務の提供を受ける者の住所地等が国内であれば国内取引になります。

② 「事業者が事業として」とは

事業者とは、事業を行う法人や個人をいいます。個人の場合、店舗や事務所を経営する人の他、医師や弁護士、税理士なども事業者に該当します。法人は株式会社などのことです。国や都道府県、市町村、宗教法人や医療法人、代表者の定めのある人格のない社団等も法人に該当します。「事業」とは、対価を得て行われる取引を自ら繰り返し行うことをいいます。法人が行う取引はすべて「事業として」行ったものとなります。一方、個人事業者の場合は、仕事以外の普段の生活における消費行為については、「事業として」行ったものではないため、除いて考える必要があります。なお、会社員がたまたま受け取った出演料や原稿料のような報酬は、繰り返し行ったとはいえず、事業とはいえません。

③ 「対価を得て」とは

資産の譲渡、貸付、役務の提供を行った見返りとして代金を受

け取ることをいいます。

　対価を得ず、無償で資産を譲渡した場合も、その譲渡した相手と利害関係があれば、対価を得ているとみなされる場合があります。たとえば法人がその役員に自社製品を贈与した場合、実際は対価を得ていなくても、対価を得て製品を販売したことになり、課税取引として申告しなければなりません。これをみなし譲渡といいます。また、定価よりも著しく低い値段で譲渡した場合、相手が法人の役員や個人事業主であれば、実際の低い値段ではなく、定価で販売したものとして申告しなければなりません。このような取引を低額譲渡といいます。

④　「資産の譲渡等」及び「特定仕入れ」とは

　資産の譲渡等とは、資産の譲渡、貸付、役務の提供をいいます。つまり、物品や不動産などを渡す行為、貸し付ける行為、サービスを提供する行為（請負、宿泊、出演、広告、運送などの他、弁護士、公認会計士、税理士、作家、スポーツ選手、映画俳優、棋士等によるその専門的な知識や技能に基づく行為も含まれる）です。

　特定仕入れとは、国外事業者が行う「事業者向け電気通信利用役務の提供（インターネットを通じて提供されるサービス等）」や、「特定役務の提供（映画・演劇の俳優、音楽家その他の芸能人または職業運動家等の役務の提供）」をいいます。

・事業者向け電気通信利用役務の提供

　国内取引かどうかの判定は、上記①の電気通信利用役務の提供の場合と同様です。ただし、国内事業者が国外事業所等で受ける「事業者向け電気通信利用役務の提供」のうち、国内以外の地域において行う資産の譲渡等にのみ要するものである場合は、国外取引となります。

　また、国外事業者が恒久的施設で受ける「事業者向け電気通信利用役務の提供」のうち、国内で行う資産の譲渡等に要するもの

である場合は、国内取引となります。

・特定役務の提供

国内取引かどうかの判定は、役務の提供が行われた場所が国内であるかどうかで判断します。

また、特定仕入れの場合は、リバースチャージ方式といって、国外事業者に代わり役務の提供を受けた国内事業者（課税売上割合が95％未満で、かつ後述する簡易課税制度を適用しない場合）に対して消費税の納税義務が課されます。

◉ 非課税取引とは

消費税の課税対象となる取引のうち、その性格上課税することが適当でない、もしくは医療や福祉、教育など社会政策的な観点から課税すべきではない、という大きく分けて2つの理由により、消費税が課されない取引があります。本来は課税取引に分類されるべきですが、特別に限定列挙して課税しないという取引です。これらの取引を非課税取引といいます。

◉ 不課税取引とは

消費税の課税対象は、①「国内において」、②「事業者が事業として」、③「対価を得て行う」、④「資産の譲渡等」及び「特定仕入れ」です。これらの要件に1つでもあてはまらない取引は、課税の対象から外れます。このような取引を不課税取引といいます。

たとえば、国外で行った取引、賃金給与の支払い、試供品の配布、寄付などはこの不課税取引に該当します。

◉ 非課税取引と不課税取引の違い

非課税取引も不課税取引も、対象とする取引に消費税がかからない点においては同じです。しかし、非課税取引は本来課税取引

としての要件を満たしているにもかかわらず、政策的な配慮などの理由によりあえて非課税として扱うのに対して、不課税取引はそもそも課税取引の要件を満たしていません。したがって、両者はその性質が異なります。

特に、消費税を考慮する上で両者が大きく異なってくるのは、課税売上割合（課税売上高／売上高）を計算する場合です。非課税売上の場合には分母の売上高に金額を含めますが、不課税売上の場合には含めません。課税売上割合は、仕入控除税額の計算（47ページ）などに影響します。

なお、免税売上（42ページ）も、結果として消費税は発生しませんが、課税売上に属するものであるため、課税売上割合の計算上分母と分子の両方に金額を含めます。

■ **非課税取引** ……………………………………………………………

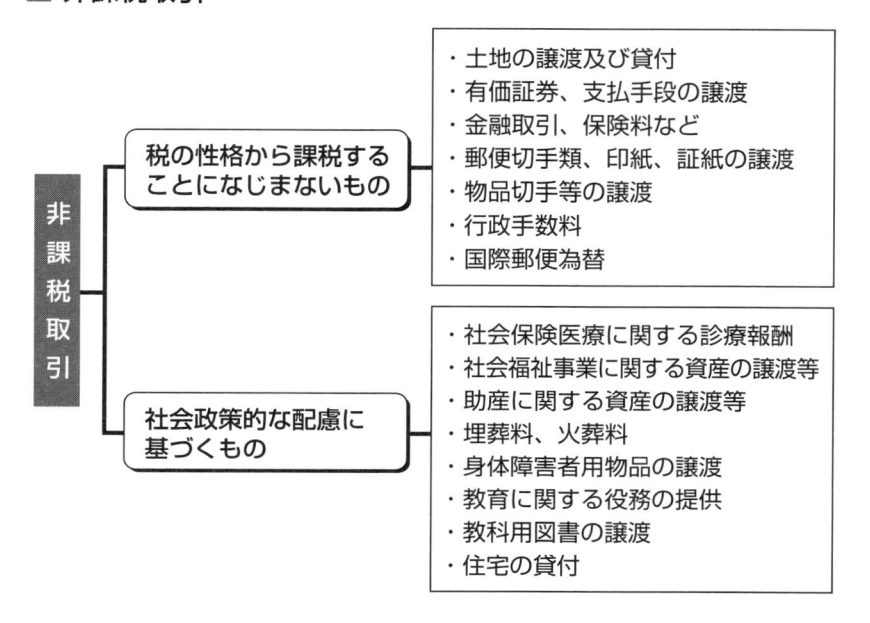

Q 「取引が成立したとき」といっても、出荷日や検収日、引渡日など、いろいろな段階があると思います。消費税取引の基準となるのはいつからでしょうか。

A 消費税は、事業者から消費者へ取引が成立したときに課税されます。しかし「取引が成立したとき」と言っても、単純にモノとお金を交換する場合は明確ですが、たとえば物品の販売の場合、出荷時、相手方の受取日、検収時など、さまざまなケースが存在し、認識にズレが生じます。

消費税法では、「課税資産の譲渡等をした時」または「外国貨物を保税地域から引き取る時」に納税義務が成立します。前者は国内取引の場合、後者は輸入取引の場合です。「課税資産の譲渡等をした時」とは、原則として「資産等を引き渡した日」です。「引き渡した日」といっても、前述したように出荷日、検収日など、考え方が複数存在します。この場合、合理的だと認められる日であればよいので、所得税や法人税における収益の計上時期の考え方に即して取り扱います。物品販売にたとえれば、出荷日を基準に売上計上している会社は、消費税法上も出荷日で納税義務が成立するということです。実際には出荷日基準または検収日基準が一般的のようです。ただし、一度計上方法を選択した後は、継続して同じ方法を採用する必要があります。

●特例がある

取引形態にはさまざまなケースがあります。完成して引き渡すまでに時間を要する商品等や、反対に引き渡してからお金の回収が完了するまでに時間を要するものもあります。このような、やや特殊な取引についての消費税を「引渡日」で認識してしまうと、収入と納税の時期が乖離してしまい、事業者側に資金面の負担がかかってしまうことになります。そこで、一定の取引に関しては、資産の譲渡等の時期を収入の時期に合わせて認識するという特例が設けられています。

以下①〜③の取引については、資産の譲渡等の時期の特例として、以下の内容で消費税を認識することができます。

①　工事の請負に関する資産の譲渡等の時期の特例

　長期大規模工事の請負契約で、工事進行基準の方法を採用している場合、売上を計上する年度に資産の譲渡等を行ったものとすることができます。工事進行基準とは、未完成の工事について、完成した割合に応じて部分的に収益計上する方法をいいます。

②　長期割賦販売等に関する資産の譲渡等の時期の特例

　延払基準を採用して長期割賦販売等を行った場合において、賦払金の支払期日が到来していない部分の金額は、資産の譲渡等を行わなかったものとみなして、対価の額から控除することができます。つまり、分割でお金が入った都度、消費税を認識するということです。

③　小規模事業者に関する資産の譲渡等の時期の特例

　所得税において、現金主義の適用を受ける小規模個人事業者は、資産の譲渡等及び課税仕入時期を、対価を収受した日及び支払った日とすることができます。

■ 取引形態と成立時期 ………………………………………………

	取引の形態		成立時期
資産の譲渡	棚卸資産・固定資産の譲渡		引渡日
	無形固定資産の譲渡		譲渡等に関する契約の効力発生日
資産の貸付	使用料等の支払日が定められている		支払いを受けるべき日
	使用料等の支払日が定められていない		支払いを受けた日（請求日）
役務提供	請負	目的物の引渡しあり	目的物の全てを完成し引き渡した日
		目的物の引渡しなし	役務の提供を完了した日
	人的役務の提供		役務の提供を完了した日

6 輸出や輸入取引の場合の取扱いについて知っておこう

国際取引の取扱いを理解する

◉ 輸出や輸入取引をした場合にはどうなるのか

　ここでは輸出や輸入取引をした場合の消費税の取扱いについて見ていきましょう。

① 輸出取引をした場合

　国内から物品を輸出したときのように、消費者が外国に存在する場合でも、「課税取引」としての要件を満たすのであれば、原則として「課税取引」です。しかし、消費税は日本国内における消費者が負担するものであって、外国の消費者には課すべきではありません。

　そこで、外国の消費者への取引を課税対象から除外するため、「課税取引」のうち輸出取引等に該当するものについては、免税取引（免税売上）として消費税が課されないことになっています。これらの取引は一般的に「０％課税」といわれます。税率０％の消費税を課税する取引という意味です。

　免税となる輸出取引等に該当するための要件は、以下の４つです。

ⓐ　国内からの輸出として行われるもの

ⓑ　国内と国外との間の通信や、郵便、信書便

ⓒ　非居住者に対する鉱業権、工業所有権（産業財産権）、著作権、営業権等の無形財産権の譲渡または貸付

ⓓ　非居住者に対する役務の提供で、国内で直接享受しないもの

　非居住者とは、簡単にいうと外国人のことです。なお、消費税は直接輸出を行う段階で免除されるため、輸出物品の下請加工や、輸出業者に商品を国内で引き渡した場合などについては、免税の

対象にはなりません。つまり輸出業者の立場から見れば、輸出にかかった費用について消費税が課税されるということになります。この輸出業者が負担した消費税分については、申告により還付されることになります。

輸出取引の範囲について、もう少し詳しく取り上げてみると、以下のような取引となります。

ⓐ　日本からの輸出として行われる資産の譲渡または貸付
ⓑ　外国貨物の譲渡または貸付
ⓒ　国際旅客、国際運輸、国際通信、国際郵便及び国際間の信書
ⓓ　船舶運航事業者等に対して行われる外航船舶等の譲渡もしくは貸付等
ⓔ　国際運輸に使用されるコンテナーの譲渡もしくは貸付等
ⓕ　外航船舶等の水先、誘導等の役務の提供
ⓖ　外国貨物の荷役、運送、保管等の役務の提供
ⓗ　非居住者（外国人）に対する鉱業権、産業財産権（工業所有権）、著作権などの譲渡または貸付
ⓘ　ⓐ〜ⓗの他、非居住者に対する役務の提供で次に掲げるもの以外のもの

■ 輸出と消費税 ……………………………………………………

| 輸出取引には消費税は
かからない | | 国際間における二重課税を
排除するため |

ポイント

免税取引は、税率0%の消費税の課税取引。0%のため、実質的に消費税はかからないが、課税売上高を計算するときは、課税売上高に含めて計算する

イ　国内に所在する資産に関する運送または保管

ロ　国内における飲食または宿泊

ハ　イ及びロに掲げるものと同様の取引で、国内において直接利益を受けるもの

　なお、上記の他、免税店のような輸出物品販売場を経営する事業者が、外国人旅行者などの非居住者に対して、通常の生活用品等を一定の方法で販売する場合にも消費税が免除されます。

②　輸入取引をした場合

　輸入取引をした場合、外国から輸送された外国貨物の輸入許可が下りるまで保管される場所のことを「保税地域」といいます。外国から輸入された外国貨物は、保税地域から通関業務を経て国内へ引き取られます。

　保税地域から外国貨物を引き取った者については、事業者であるかどうかは関係なく、納税義務者となります。たとえば一般の人が、自分用に個人輸入を行った場合であっても、消費税を納める義務が生じるということです。

　また、「保税地域から引き取られる外国貨物」は、国内で消費されるものとして消費税が課されます。ただし、以下の@〜@については、その性格上課税することが適当でない、または福祉や教育など社会政策的な観点により課税すべきではないという理由から、非課税の輸入取引となります。

@　有価証券等

ⓑ　郵便切手類

ⓒ　印紙

ⓓ　証紙

ⓔ　物品切手等

ⓕ　身体障害者用物品

ⓖ　教科用図書

7 消費税額はどのように算定するのか

預かった消費税から支払った消費税を控除するのが原則

● 原則課税方式とはどのような計算方法か

　事業者が納付する消費税額は、課税期間中に消費者から徴収した消費税から、事業者自身が負担した消費税額を差し引いて計算します。このような消費税の計算方法は**原則課税方式**といい、9～10ページでも説明したように、各取引段階における「税の累積を排除する」という考え方に基づいた計算方法です。消費税を計算するためには、「徴収した消費税額」と「負担した消費税額」の2つの要素が必要ということです。徴収した消費税額を計算するために、まずは税率を掛ける基礎となる金額を算出します。簡単にいえば税抜の課税売上高のことですが、これを課税標準額といいます。

　一方、負担した消費税額を計算するためには、課税仕入に含まれる消費税額を計算します。この消費税額が課税仕入等（特定課税仕入れも含む）に対する消費税額となります。

　消費税額は、課税標準額に税率を掛けたものから、課税仕入等に対する消費税額を控除して計算します。

　ここからは、原則課税方式について見ていきましょう。簡易課税方式については、56ページ以降で説明していきます。

● 課税標準額を求める

　課税標準額は、課税売上高の税抜にした金額となります。つまり、課税期間中の収入のうち課税取引に該当するものを集計し、最後に税抜に換算したものが課税標準額ということです。課税期

間の末日までに対価の額が確定していないときは、同日の現況によりその金額を適正に見積もることになります。

　課税標準額を計算するときに注意しなければならないのは、課税売上に該当するのかどうかの判定です。本業による売上以外にも課税収入があれば、もれなく課税標準に含めなければなりません。

　課税売上に該当する収入の例を挙げてみましょう。たとえば会社の保有資産を売却した場合、その資産が課税資産であれば、譲渡対価が課税標準額に含まれます。個人事業者が自分で使用した棚卸資産や、会社の役員が会社からもらった資産は、実は「みなし譲渡」といって、一定金額が課税標準に含まれます。土地付建物を売却した場合など、非課税資産と課税資産を一括で譲渡した場合は、合理的な計算で課税部分を区別する必要があります。

　決算の段階で過去に遡って処理をすると、手間がかかり、ミスもしがちになります。本業以外の取引による収入件数は、そう多くないはずです。取引の都度契約書を確認するなどして、課税、非課税の分類は早めに済ませておくとよいでしょう。

　また、輸入取引の課税標準は、関税課税価格（通常はC.I.F価格）に、関税及び個別消費税額を合計した金額となります。

　この場合の個別消費税には、その課税貨物の保税地域からの引取りに関する酒税、たばこ税、揮発油税、石油石炭税、石油ガス税等があります。C.I.F価格とは、輸入港到着価格で商品価格に輸入港に到着するまでに要する通常の運賃、保険料が含まれます。

● 消費税額を求める

　課税標準額に、税率を掛けて、消費税額が算出されます。この金額を、「課税標準額に対する消費税額」といいます。税率は、平成26年4月から令和元年9月までは6.3％、令和元年10月以降は標準税率が7.8％、軽減税率が6.24％になります。ここでの税率

は地方消費税を含めません。軽減税率などで税率が複数ある場合には、対応する課税標準もそれぞれの税率ごとに集計することになります。

地方消費税は、この課税標準額に対する消費税額に、次で説明する仕入控除税額等を控除した差引税額に地方消費税率の割合（地方消費税率／前述の国税分の消費税率）を掛けて算出されます。地方消費税率の割合は、平成26年4月から令和元年9月までは17/63、令和元年10月以降は22/78になります。

◉ 仕入控除税額を計算する

消費税の計算は、課税標準額に対する消費税額から課税仕入等に対する消費税額を控除するというものでした。この課税仕入等に対する消費税額には、国内における仕入による消費税と税関から輸入貨物を引き取った時に関する輸入消費税があります。国内における仕入による消費税のことを、**仕入控除税額**といいます。仕入や経費といっしょに負担した消費税分ということです。以下では、仕入控除税額の計算方法について見ていきます。

仕入控除税額を算出するためには、まず課税期間中に行った課税仕入の合計金額を把握する必要があります。課税仕入には、仕入、経費以外に、固定資産の譲渡や貸付を行った場合も該当します。このような課税期間中のすべての支出に関する取引を、課税、非課税、消費税対象外のいずれかに分類した上で、課税に分類された取引の税込金額を集計します。税率が令和元年10月より適用される10％（国税7.8％、地方税2.2％）の場合、課税仕入の合計金額に110分の7.8を掛けた金額が「仕入控除税額」です。

たとえば課税仕入の合計が1,100,000円であった場合、仕入控除税額は1,100,000×7.8／110＝78,000円となります。これは最も基本的な仕入控除税額の計算方法です。実際はこれにさまざまな調

整計算が加わります。

　ところで、事業者が「非課税売上」のために行った仕入で負担した消費税はどうなるのでしょうか。具体例でいえば、車いす製造用の材料費、教科用図書の製作費に含まれる消費税です。非課税売上の場合、最終消費者は消費税を負担しません。したがって仕入により事業者が負担した消費税については、最終消費者へ税の「転嫁」はされません。そのため、非課税売上のための仕入に対する消費税額については、実は仕入を行った事業者が負担することになります。言い換えれば、「非課税売上」のための「課税仕入」は、仕入控除税額から除外するということです。

　では、除外する金額はどのようにして計算するのでしょうか。まずは、「課税売上割合」を計算するところからはじまります。

　非課税売上・課税売上・免税売上の合計金額のうち課税売上の占める割合を、課税売上割合といいます。現実的に考えると、単純に非課税売上のための課税仕入だけを抽出することは困難であるため、便宜上割合を使って計算するというわけです。

　なお、計算する側の事務処理の煩雑さを考慮して、課税売上割合が95％以上である場合、非課税売上はないものとみなされ、課税仕入に対する消費税額は全額控除することができます。ただし、課税売上高5億円超の大規模事業者は、課税売上割合が95％以上の場合でも、課税仕入に対する消費税額は全額控除できません。

　課税売上割合が95％未満の事業者、及び課税売上高5億超かつ課税売上割合95％以上の事業者については、非課税売上のための課税仕入にかかった税額は、前述したように仕入控除税額から除外します。その計算方法は、①個別対応方式、②一括比例配分方式の2つがあります。それぞれの計算方法について見ていきましょう。

① 個別対応方式

まず、課税仕入をⒾ課税売上に対応する課税仕入、ロ非課税売上に対応する課税仕入、ハ課税売上・非課税売上共通の課税仕入、の３つに分類します。分類できる課税仕入は極力分類して計算するということです。Ⓘに含まれる消費税額は全額仕入控除税額となります。ロに含まれる消費税額については全額仕入控除税額の対象外となります。ハに含まれる消費税額は、課税売上割合に応じた金額が仕入控除税額となります。つまり、仕入控除税額の計算は以下のようになります。なお、税率は10％（国税7.8％、地方税2.2％）とします。

> **仕入控除税額＝Ⓘ×7.8／110＋ハ×7.8／110×「課税売上割合」**

②　一括比例配分方式

　課税仕入に対する消費税額全額に、課税売上割合を掛けて仕入控除税額を計算する方法です。仕入控除税額の計算は以下のようになります。

> **仕入控除税額＝課税仕入に対する消費税額×7.8／110×「課税売上割合」**

　課税仕入を分類する必要がないため、①より簡便な方法だといえます。ただし、一度選択すると２年間継続して適用しなければなりません。

● 調整対象固定資産の調整計算について

　税抜100万円以上の一定の固定資産（調整対象固定資産）を購入した場合には、以下のような特例があります。

・課税売上割合が著しく増減する場合の仕入控除税額の調整

　課税売上割合の変動が激しい時期に、高額の固定資産を購入した場合、仕入控除税額にも大きく影響します。割合が通常よりも高ければ得するものの、低ければ損をするというわけです。この課税の不公平感を解消するため、調整対象固定資産を購入し、その購入年度を含んだ向こう3期分の通算課税売上割合が、購入年度の課税売上割合と比較して著しく増加または減少したときは、その3期目の課税期間で、調整対象固定資産の消費税額に課税売

■ 消費税額の計算方法 ‥‥‥‥‥‥‥‥‥‥‥‥‥‥‥‥‥‥‥‥

◆個別対応方式

課税期間中の課税仕入に対する消費税額のすべてを次のように区分する

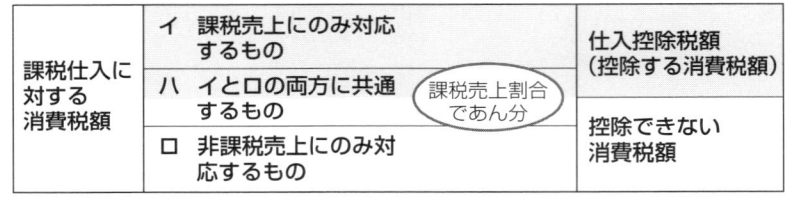

次の算式により計算した仕入控除税額を、課税期間中の課税売上に対する消費税額から控除する

◆一括比例配分方式

次の算式により計算した仕入控除税額を、課税期間中の課税売上に対する消費税額から控除する

上割合の増減差を掛けた額について仕入控除税額の調整をします。つまり、購入年度の課税売上割合が低かった場合は加算、高かった場合は減算の調整を行います。

　著しい増加または減少とは、通算課税売上割合が購入年度の課税売上割合と比較して増減率が50％以上あり、かつ増減差が５％以上ある場合です。ただし、３期目の課税期間の末日にその調整対象固定資産を保有していることが必要です。

　この仕入控除税額を調整できる場合は、原則課税方式を選択しており、一括比例配分方式で消費税を計算している場合、または仕入控除税額が全額控除できる場合に適用できます。

・**調整対象固定資産の転用による仕入控除税額の調整**

　調整対象固定資産の購入日から３年以内に、課税業務用から非課税業務用にあるいは非課税業務用から課税業務用に転用したときは、転用した日の属する課税期間の仕入れに対する消費税額から、その転用した日までの期間に応じた一定の消費税額を増減させる方法により調整します。具体的には、これまで課税売上獲得のため（課税業務用）に使用していた調整対象固定資産を非課税売上獲得のため（非課税業務用）に転用した場合には、納付する消費税額を増加させる調整を行います。逆に、非課税業務用の調整対象固定資産から課税業務用に転用した場合には、納付する消費税額を減少させる調整を行います。

◉ 返品や値引き、貸倒れの取扱いについて

　売上の返品や値引きを行った場合、課税売上であれば消費者への代金の返還も消費税込で行います。この返還した部分の消費税は、仕入控除税額と同様、事業者が納付すべき消費税から控除することができます。値引き、返品のことを消費税法上**売上対価の返還等**といいます。得意先の倒産等の理由で、売掛金等が回収で

きなくなることを貸倒れといいます。貸倒れ部分に含まれる消費税分も、売上対価の返還等と同様に控除することができます。

■ おもな勘定科目ごとの消費税の取扱い …………………………

勘定科目	取扱い
① 商品や原材料仕入	課税。
② 給料・賃金	不課税。ただし通勤手当や国内の出張手当は課税。
③ 福利厚生費	慶弔費・会社内の部活などの助成金は不課税。物品の購入代は課税。
④ 消耗品	課税。
⑤ 旅費交通費	旅費、宿泊費、日当は課税。海外出張は輸出免税。
⑥ 通信費	国内通信は課税。国際通信は輸出免税。
⑦ 水道光熱費	課税。
⑧ 交際費	課税。慶弔費は不課税。商品券は非課税。
⑨ 広告宣伝費	課税。広告宣伝用プリペイドカードなどは非課税。
⑩ 租税公課	不課税。印紙、証紙は非課税。
⑪ 支払保険料	非課税。
⑫ 賃借料	課税。土地、居住用家屋の賃借は非課税。
⑬ 修繕費	課税。
⑭ 謝金・外注費	課税。
⑮ 寄付金・会費	不課税。懇親会など対価性のあるものは課税。
⑯ 車両燃料費	課税。軽油代に含まれる軽油引取税は不課税。
⑰ 支払手数料	課税。行政手数料は非課税。
⑱ 支払利息	非課税。
⑲ 機械や建物等、車両や器具備品の購入、賃借	課税。
⑳ 減価償却費	不課税。

※上記は一例であり、課税かどうかの判定は勘定科目によって一律に決定されるものではなく、35〜39ページの「課税取引」「非課税取引」「不課税取引」の内容に基づき決定されます。

● 消費税額の調整や端数処理について

消費税の計算を行う場合、課税標準額、課税仕入に対する消費税額、差引税額の各段階で端数処理を行います。この端数計算の方法について見ていきます。課税標準額は、課税売上高の税抜価格を求めた後に千円未満の端数を切り捨てて計算します。

課税仕入に対する消費税額、売上対価の返還等に対する消費税額、貸倒れに対する消費税額の計算を行う場合、それぞれで発生した1円未満の端数については、切り捨てて計算します。

差引税額の計算を行う場合、課税標準額に対する消費税額から課税仕入等に対する消費税額を控除した後、その残額に100円未満の端数があるときは、端数を切り捨てて計算します。中間納付税額も100円未満の端数を切り捨てて計算します。

なお、量販店など、少額、大量の取引を行う小売業者を念頭に制定された「課税標準額に対する消費税額の計算」という課税標準額の計算方法に関する特例制度があります。レジシステムの都合上、代金受領の都度端数処理を行うというものです。消費税率引き上げ後もこの特例については経過措置が適用されます。

● 帳簿等を保存する

事業者は、課税仕入等に対する消費税額の控除を受けるためには、原則として帳簿及び事実を証明する請求書等の両方を保存しなければなりません。これらの帳簿及び請求書等は、7年間保存することになっています。

青色申告書を提出している法人において、欠損金が生じている事業年度がある場合には、法人税法により9年間（平成30年4月1日以後に開始する欠損金の生ずる事業年度においては10年間）保存が必要であることに留意が必要です。

国内における課税仕入の場合、帳簿への記載事項は以下のとお

りです。ただし、小売業、飲食店業、写真業及び旅行業等を営む事業者は、記載事項のうち、「課税仕入の相手先の氏名または名称」の記載を省略できます。

・課税仕入の相手先の氏名または名称（会社名など）
・課税仕入を行った年月日
・課税仕入に関する資産または役務の内容
・課税仕入に関する仕入対価の額

輸入取引の場合、記載事項は以下のとおりです。

・課税貨物を保税地域から引き取った年月日
・課税貨物の内容
・課税貨物の引取りに関する消費税額及び地方消費税額

国内における課税仕入の場合、請求書等の記載事項は以下のとおりです。この場合も、小売業、飲食店業、写真業及び旅行業等を営む事業者は、「書類の交付を受ける事業者の氏名または名称」を省略できます。

・書類の作成者の氏名または名称
・取引を行った年月日
・取引の内容
・取引の対価の額
・書類の交付を受ける事業者の氏名または名称

輸出取引の場合、税関長から交付される輸入許可書等の記載事項は以下のとおりです。

> ・保税地域の所在地を所轄する税関長の氏名
> ・課税貨物を引き取ることができることとなった年月日
> ・課税貨物の内容
> ・取引の対価及び引取りに関する輸入消費税額及び輸入地方消費税額
> ・書類の交付を受ける事業者の氏名または名称

　取引の実態から、以下の場合は例外として請求書等の保存をしなくても控除を受けることができます。

> ・1回の税込取引金額が税込3万円未満の場合
> ・1回の税込取引金額が3万円以上で、請求書等の交付を受けなかったことについてやむを得ない理由がある場合（自動販売機で購入した場合、入場券など相手方に証明書類が回収されてしまう場合、課税仕入れを行った者が課税仕入れの相手方に請求書等の交付を請求したが交付を受けられなかった場合、課税仕入れを行った場合においてその課税仕入れを行った課税期間の末日までにその支払対価の額が確定していない場合など）

　なお、取引の相手先から受け取った請求書等や、自らが作成したこれらの写しは、あらかじめ税務署の承認を受けていれば、書面による保存に代えて、スキャナで読み取った電子化文書による保存方法が一定の要件の下で認められます。
　また、令和元年10月1日以降から適用される軽減税率制度に基づく帳簿及び請求書等の記載事項は、82〜91ページを参照してください。

8 簡易課税制度とはどんなしくみになっているのか

みなし仕入率を利用した簡便な計算方法である

◉ 簡易課税制度とは

　簡易課税制度とは、消費税の計算をより簡便な方法で行うことのできる制度です。課税仕入に対する仕入控除税額を、「みなし仕入率」を利用して売上から概算で計算するというのが、原則課税方式と異なる点です。簡易課税制度を採用した場合、課税仕入、非課税仕入の分類、課税売上割合の計算、課税仕入の売上と対応させた分類をする必要がありません。

　この制度は、「基準期間における課税売上高」が5000万円以下である事業者にのみ適用されます。ただし、事業者の届出による選択適用であるため、「簡易課税制度選択届出書」（195ページ）を税務署へ提出しておく必要があります。届出を提出すると、翌事業年度から簡易課税制度が適用されます。簡易課税制度選択届出書は、不適用届出書を提出しない限り、その効力は失われないため、適用の途中で基準期間における課税売上高が5000万円を超えたり、免税事業者になっても、その後の基準期間において課税売上高が5000万円以下の課税事業者になれば、簡易課税制度の適用を受けることになります。

　簡易課税制度は、一度選択すると2年間継続適用されるので、翌期の納付税額のシミュレーションなどを行い、原則課税方式と比較検討する必要があります。

　なお、31ページで説明したとおり、高額特定資産を取得した場合には、一定期間簡易課税制度の選択自体ができなくなる場合があることにも留意が必要です。

● 簡易課税制度ではどのように消費税を計算するのか

　簡易課税制度では、売上に対する消費税のうち何割かは仕入控除税額として控除すべき金額が占めているという考え方をします。仕入控除税額が占めている割合は、売上のうちに仕入が占める割合と一致しているとみなして、業種ごとに**みなし仕入率**が定められています。この「みなし仕入率」を課税標準額に対する消費税額に掛けることにより仕入控除税額を算出するという方法です。

　つまり、この制度を適用する場合、仕入控除税額の計算は、課税売上がどの業種に属するかを分類するだけでよいということになります。

　具体例を挙げて見てみましょう。

　たとえば卸売業を営む場合、みなし仕入率は90％です。業種ごとのみなし仕入率については下図を参考にしてください。課税売上高が税抜2000万円の場合、納付税額はどうなるのでしょうか。

　税率が10％であるとすると、課税売上に対する消費税額（こ

■ 業種ごとのみなし仕入率 ………………………………………………

第1種事業	卸売業（みなし仕入率90％）
第2種事業	小売業（みなし仕入率80％）
第3種事業	農業・林業・漁業・鉱業・建設業・製造業・電気業・ガス業・熱供給業・水道業（みなし仕入率70％）（※）
第4種事業	第1種〜第3種、第5種及び第6種事業以外の事業たとえば飲食店業等（みなし仕入率60％）
第5種事業	第1種〜第3種以外の事業のうち、運輸通信業・金融業・保険業・サービス業（飲食店業に該当するものを除く）（みなし仕入率50％）
第6種事業	不動産業（みなし仕入率40％）

※食用の農林水産物を生産する事業は、令和元年10月以降に消費税の軽減税率が適用される場合において、第2種事業としてみなし仕入率が80％となる。

こでは便宜的に地方消費税も含むものとします）は、2000万円×10％＝200万円です。次に、仕入控除税額（ここでも便宜的に、課税売上の場合と同様に地方消費税も含むものとします）ですが、これを課税売上の90％とみなして計算することができるわけです。控除仕入税額は、2000万円×10％×90％＝180万円となります。したがって、差引納付税額は、200万円－180万円＝20万円となります。

◉ 簡易課税制度はどんな取引に適用されるのか

　仕入控除税額が多くなると、当然納める税額が少なくなります。つまり納税者に有利な結果ということです。

　簡易課税制度を選択した方が有利になる場合とは、実際の仕入率よりみなし仕入率の方が大きい場合です。つまり、仕入率の比較的低い業種や、人件費など課税対象外の経費が多い業種であれば、簡易課税制度を適用した方が有利ということになります。

　また、簡易課税制度は申告の事務手数がかなり簡略化されるため、事業者によっては、原則課税方式と比較して多少不利な結果になったとしても、選択する事業者もあるようです。

◉ 複数事業の場合のみなし仕入率の計算方法

　簡易課税制度を選択した事業者が複数の事業を営んでいる場合には、課税売上に対する消費税額を業種ごとに分類し、みなし仕入率を以下のように計算するのが原則的な方法です。

> （第１種事業に対する消費税額×90％＋第２種事業に対する消費税額×80％＋第３種事業に対する消費税額×70％＋第４種事業に対する消費税額×60％＋第５種事業に対する消費税額×50％＋第６種事業に対する消費税額×40％）／全売上に対する消費税額の合計

ただし、１種類または２種類の業種で課税売上高の75％以上を占めるような場合は、例外として、以下の簡便法によりみなし仕入率を計算することもできます。

　１種類の事業で課税売上高の75％以上を占めている事業者は、その業種のみなし仕入率を全体に適用できます。

　３種類以上の事業を営む事業者で、そのうち２種類の事業で課税売上高の75％以上を占めている場合は、その２事業のうちみなし仕入率の高い方の事業の課税売上高については、その高いみなし仕入率を適用し、それ以外の課税売上高については、その２事業のうち低い方のみなし仕入率をその事業以外の課税売上に対して適用できます。

　複数の事業を営む事業者が、事業ごとの課税売上高を区分していない場合は、最も低いみなし仕入率を全体に適用して計算します。

◉ 複数事業の場合のみなし仕入率の計算例

　ここでは、複数の事業を営んでいる場合のみなし仕入率の計算例を見ていきます。

【数値例】

	課税売上高 （税抜）	売上の割合	消費税
卸売業（第１種事業）	250,000	62.5%	25,000
小売業（第２種事業）	120,000	30.0%	12,000
製造業（第３種事業）	30,000	7.5%	3,000
合計	400,000	100.0%	40,000

① **原則的な方法**

以下のように算出します。

みなし仕入率＝（25,000×90％＋12,000×80％＋3,000×70%）÷40,000＝85.5%

② **例外**

上記の数値例では、卸売業と小売業の2種類の事業で売上の占める割合が75％以上（62.5%＋30.0%＝92.5%）であるため、次の方法でみなし仕入率を計算することができます。

2種類の事業のうち、みなし仕入率は卸売業90％＞小売業80％のため、卸売業に対する消費税25,000ではみなし仕入率90％を使用します。また、残りの事業の小売業及び製造業に対する消費税15,000（＝12,000＋3,000）ではみなし仕入率80％を使用します。

みなし仕入率＝（25,000×90％＋15,000×80%）÷40,000＝86.25%

③ **事業者が事業ごとに課税売上高を区分していない場合**

上記の数値例のうち、仮に製造業（第3種事業）の部分が「その他」として、事業の区分をしていなかったとします。その場合には、区分していない部分である課税標準の合計額30,000に対する消費税額に適用するみなし仕入率は、第2種事業の80％となります。

9 消費税法上の特例について知っておこう

国、地方公共団体等に対する特例もある

● どんな特例があるのか

　国、地方公共団体、公共・公益法人などは、公共性が強く、営利目的の一般企業とは性質が少し異なります。たとえばその活動に法令上の制約がある場合や、助成金などの資金を得て活動している場合もあります。このように国等の事業活動には特殊な面が多いことから、消費税法上もいくつかの特例が設けられています。

　国等の特例には、①資産の譲渡等の会計単位の特例、②納税義務の成立時期の特例、③申告期限の特例、④特定収入に対する仕入税額控除の特例、と大きく分けて4つあります。以下、その内容について見ていきましょう。

①　資産の譲渡等の会計単位の特例

　一般企業では、複数の業種を営む場合も会計はひとつです。つまり1つの決算書に、本業も副業も併せて表示するというわけです。一方、国や地方公共団体の会計は、その財源や事業ごとに分かれている場合があります。このような、特別に独立した会計のことを特別会計といいます。これに対して、その他の運営全般を受け持つ会計も存在します。これを一般会計といいます。

　国または地方公共団体は、特別会計、一般会計ごとに一法人が行う事業とみなして消費税法の規定を適用するというのが、会計単位の特例です。

②　納税義務の成立時期の特例

　納税義務の成立時期は、40ページで説明したように、原則的には「引渡し」等を行った日です。しかし、国または地方公共団体

が行った資産の譲渡等または課税仕入等の時期については、企業会計のような発生主義ではなく、現金主義的な処理が行われる場合などがあることから、その対価を収納すべきまたは支払いをすべき「会計年度の末日」に行われたものとすることができます。

国または地方公共団体に準ずる法人として税務署の承認を受けた、一定の公益法人や公共法人等の場合も、同様の取扱いとなります。

③ **申告期限の特例**

国または地方公共団体の特別会計の申告書の提出期限は、課税期間終了後3月から6月までの範囲で定められています。国については課税期間終了後5か月以内、地方公共団体については課税期間終了後6か月以内、地方公共団体が経営する企業については課税期間終了後3か月内です。国または地方公共団体の一般会計については、課税標準額に対する消費税額と仕入控除税額が同額であるとみなされるため、申告、納税義務はありません。

税務署から承認を受けた一定の公益法人や公共法人等の申告書の提出期限は、6か月以内でその承認を受けた期限内となります。

①～③は、少し特別な事情のある法人に関する特例といえます。これに対して④の特例は、国または地方公共団体の特別会計、学校法人、社会福祉法人等の公益法人や公共法人等に加えて、NPO法人のような「人格のない社団等」に関しても適用される特例です。特例の内容については、以下で見ていきましょう。

◉ 特定収入に対する仕入税額控除の特例とは

特定収入に対する仕入税額控除の特例とは、仕入控除税額のうち、寄付金や助成金など一定の「不課税取引」に対応した部分については控除の対象から除外するというものです。

なぜこのような特例が必要なのか、ボランティア活動を行う

NPO法人を例に挙げて、考えてみましょう。ある団体が寄付金を集めて食品を購入し、災害地へ配布したとします。受け取った寄付金は「不課税取引」ですから消費税の課税対象外です。一方、購入した食品代は課税仕入であるため仕入税額控除の対象となります。寄付金以外に収入がなかったとすると、通常の計算方法の場合食品代に対する消費税相当分は還付されることになります。寄付を受け取って購入した分の税金が還付されるというのでは、課税に不公平が生じてしまいます。また、ボランティアのような事業活動の場合、次段階の取引である販売先は存在しないため、食品代に含まれる消費税は、最終消費者である当団体が負担すべきものであるともいえます。このような制度上の不都合を解消するために設けられたのが、**特定収入に対する仕入税額控除の特例**です。

特例の内容としては、仕入控除税額を調整するというものです。一定の「不課税取引」による収入を「特定収入」といいます。特定収入については、後述しますが、簡単にいえば寄付金や助成金のような収入です。収入全体のうち、この特定収入が占める割合

■ 消費税法上の特例 ···

特　例	国・地方公共団体		公共法人・公益法人等	人格のない社団等
	一般会計	特別会計		
会計単位の特例	適用	適用	－	－
納税義務の成立時期の特例	適用	適用	承認必要	－
申告期限の特例	申告義務なし	適用	承認必要	－
特定収入に対する仕入税額控除の特例	課税標準額に対する消費税額と同額とみなす	適用	適用	適用

が多いと判定された場合、調整計算により仕入控除税額が減額されます。ただし、免税事業者と簡易課税制度を選択している事業者には、この特例は適用されません。

● 特定収入とは

特定収入とは、「課税売上」「免税売上」「非課税売上」以外の収入、つまり不課税取引による収入をいいます。たとえば、租税・補助金・交付金・寄付金・出資に対する配当金・保険金・損害賠償金・経常会費・入会金などが特定収入に該当します。

ただし、借入金（補助金等で返済される規定があるもの以外）・出資金・預貯金及び預り金・貸付回収金・返還金及び還付金、非課税仕入や人件費などに使用されることが明らかな収入の他、政令で定める一定の収入は、特定収入に該当しません。

● 特定収入がない場合の消費税はどうなるのか

特例が適用されるかどうか判定を行うために、まず「税抜課税売上」「免税売上」「非課税売上」「特定収入」の合計金額のうち「特定収入」の占める割合（「特定収入割合」）を計算します。

特定収入割合が5％以下である場合、あるいは特定収入がない場合の消費税については、通常の原則課税方式で計算します。

● 特定収入がある場合の消費税はどうなるのか

「特定収入割合」が5％超であった場合、仕入控除税額は、通常の課税仕入等の税額から特定収入を原資とする課税仕入等の税額を差し引いて調整します。

特定収入に対する課税仕入等の税額については、特定収入はすべて課税仕入を行う目的で使用したものとして、「特定収入」×7.8／110（消費税率が10％の場合）に相当する金額とします。

この特定収入についてですが、法令や交付要綱などで交付目的が明らかにされているものもありますが、中には用途が明らかにされていないものもあります。用途が明らかにされていないということは、事業者側は必ずしも課税仕入を行うために使用するとは限りませんので、収入すべてを調整対象にしてしまうと実態とは合わなくなってきます。

　このような使途不特定の特定収入がある場合は、課税仕入のうち収入に応じた一定の割合（調整割合）分だけ、その使途不特定の特定収入を購入資金として課税仕入を行ったとみなして調整計算を行います。

　調整割合は、「使途不特定の特定収入」／（税抜課税売上高＋非課税売上高＋免税売上高＋使途不特定の特定収入）となります。

　つまり、特定収入がある場合の仕入控除税額の計算は以下の通りとなります。

　まず、特定収入を使途に応じて課税仕入を行うための特定収入と使途不特定の特定収入に分類します。消費税率を10％とします。

■ 特定収入とは ………………………………………………

不課税取引による収入		一定の特定収入に該当しない収入（借入金・出資金・預貯金等）	特定収入以外の収入
		非課税仕入や人件費などに使用されることが明らかな収入	
	特定収入	課税仕入のために使用されることが明らかな収入	→ 課税仕入等に対する特定収入
		その他の収入	→ 使途不特定の特定収入 → 調整割合の計算

分類した金額をもとに、①「課税仕入を行うための特定収入」×7.8／110と、②（通常の課税仕入等の税額－①の金額）×調整割合をそれぞれ計算します。①・②の合計額が、特定収入がある場合の仕入控除税額となります。

◉ 特定収入割合や課税売上割合との関係で気をつけること

　課税売上割合が95％未満で簡易課税制度を選択していない事業者の場合、仕入税額控除の計算方法は個別対応方式または一括比例配分方式となります。①個別対応方式または②一括比例配分方式が採用された場合、特定収入に対する調整金額についても課税売上割合を対応させる必要があり、計算方法は以下のようになります。なお、消費税率は10％とします。

① 　個別対応方式

　使途が特定されている特定収入を、㋑「課税売上のためにのみ要する課税仕入に対する特定収入」、㋺「課税売上と非課税売上に共通して要する課税仕入に対する特定収入」とに分類します。

　調整金額は、㋑×7.8／110＋㋺×7.8／110×「課税売上割合」＋（「調整前の課税仕入に対する消費税額」－㋑・㋺）×「調整割合」となります。調整前の課税仕入に対する消費税額とは、個別対応方式により通常通り課税仕入を分類して計算した金額です。

② 　一括比例配分方式

　特定収入に対する課税仕入についても一括で課税売上割合を乗じて計算します。調整金額は、㋑課税仕入に対する特定収入×7.8／110×課税売上割合と㋺（調整前の課税仕入に対する消費税額－㋑）×調整割合との合計額となります。調整前の課税仕入に対する消費税額とは、通常の一括比例配分方式により計算した金額です。

税込経理方式と税抜経理方式の違いについて知っておこう

消費税額を売上額に含めるかどうかという違いがある

● 消費税の会計処理方式にはどんなものがあるのか

　消費税の会計処理方式には「税込経理方式」と「税抜経理方式」があります。

　税込経理方式とは、帳簿上本体価格と消費税額を含めた額で取引を表示する方法です。

　税抜経理方式とは、帳簿上本体価格と消費税額を「仮受消費税等」と「仮払消費税等」に都度分けて表示する方法です。消費税「等」には、地方消費税が含まれています。会社の場合、年1回管轄の税務署に決算書を添付した確定申告書を提出することが義務付けられています。この決算書は、一般的に税抜経理で作成されます。

● 具体的な会計処理はどのように行うのか

　税込経理方式による会計処理は以下のとおりです。

(売掛金)	220,000 ／	(売上)	220,000
(仕入)	110,000 ／	(買掛金)	110,000

　税抜経理方式による会計処理は以下のとおりです。

(売掛金)	220,000 ／	(売上)	200,000
		(仮受消費税等)	20,000
(仕入)	100,000 ／	(買掛金)	110,000
(仮払消費税等) 10,000			

　期末において、納付すべき消費税額を計算したときの会計処理は、それぞれ次のようになります。

税込経理方式の場合は、納付すべき消費税額として計算された金額をそのまま「租税公課」として計上します。納付すべき消費税額が前ページの消費税10,000（＝20,000－10,000）のみであった場合、その課税期間の消費税として以下の仕訳を行います。

　（租税公課）　　　　10,000　／　（未払消費税等）　10,000

　税抜経理方式の場合、期末における「仮受消費税等」と「仮払消費税等」については、反対仕訳を行い、差額を納付すべき消費税額として、「未払消費税等」に振り替えます。前ページと同様の消費税額とすると、以下の仕訳になります。

　（仮受消費税等）　20,000　／　（仮払消費税等）　10,000
　　　　　　　　　　　　　　　　（未払消費税等）　10,000

◉ 端数処理はどうするのか

　税抜経理方式を採用した場合、期中の取引における「仮受消費税等」「仮払消費税等」には通常は端数が出ます。一方、実際に納付すべき消費税は百円未満切捨であるため、「仮受消費税等」と「仮払消費税等」の差額とは合致しません。この差額は雑収入または雑損失（不課税取引）として精算してしまい、翌期首の「仮受消費税等」「仮払消費税等」の残額はゼロになるようにします。

　消費税額を計算したときの税抜経理方式による会計処理は以下のようになります。

　たとえば、消費税精算処理前の「仮受消費税等」残高612,345円、「仮払消費税等」残高312,000円、納付すべき消費税額が30万円であった場合、仕訳は以下のようになります。

　（仮受消費税等）　612,345　／　（仮払消費税等）　312,000
　　　　　　　　　　　　　　　　（未払消費税等）　300,000
　　　　　　　　　　　　　　　　（雑収入）　　　　　　　345

第 2 章

軽減税率のしくみ

1 軽減税率について知っておこう

一定の取引については消費税の税率が軽減される

◉ 軽減税率とは

消費税の**軽減税率**とは、ある一定の商品の売買等を行う場合に、原則的に適用される消費税の税率ではなく、それよりも低い税率（軽減税率）を適用して、商品の購入者が負担する消費税を軽減させるという制度です。たとえば、原則的な消費税率が10％である商品Ａ、軽減税率が8％である商品Ｂがあったとします。ここで、100円の商品Ａを購入したときは、原則どおり10％（税込110円）の消費税が課されることになります。一方、100円の商品Ｂを購入したときは、8％（税込108円）となり、商品Ｂでは消費税が2円（2％）分軽減されるということになります。

◉ なぜこのような制度が必要なのか

消費税は、基本的に商品を売買するときに発生する税金です。そのため、所得の金額が多い人でも少ない人でも関係なく、同じ商品を同じ値段で購入した場合には、誰もが一律に同額の消費税を負担することになります。ここで、もし消費税の税率が上がった場合には、経済的弱者などの低所得者層に対してもそのまま変更後の高い消費税が課されることになり、個人の生活基盤が揺らぎ、健全な生活ができなくなる可能性があります。税金の重要な機能のひとつとして所得の再分配があり、高所得者層に対しては多くの税金を、低所得者層に対しては少ない税金を課すというのが基本です。しかし、消費税の場合は高所得者にも低所得者にも一律の税率となるため、低所得者層に税負担が大きくなるとい

う「逆進性」といわれる現象が起こってしまいます。逆進性とは、たとえば消費税率が一律に上がると、低所得者ほど収入に対する生活必需品の購入費用の割合が高くなるため、高所得者よりも収入に対する税金の負担割合が高くなってしまうことをいいます。

　そこで、このような低所得者層などの消費税の負担の増加を少しでも抑えるために、生活必需品を対象とした軽減税率を設ける必要があります。

◉ どんなしくみになっているのか

　軽減税率は８％であるため、消費税の原則的な税率が10％に変更になったとしても、軽減税率の対象となる商品等は、従来の消費税率８％がそのまま据え置かれるということになります。同じ店の中に、消費税率が10％の商品もあれば、一方で軽減税率８％の商品が陳列されているということが起こりえます。

◉ いつからはじまるのか

　軽減税率制度は、令和10月１日以降の取引から開始されました。つまり、消費税率が８％から10％に変更になった日と同時です。

　消費税の軽減税率は、日常的に複数の消費税率が併存する制度であり、諸外国では欧州を中心にすでに採用されていますが、日本では初めて導入される制度となります。

■ 軽減税率の実施時期 ⋯⋯⋯⋯⋯⋯⋯⋯⋯⋯⋯⋯⋯⋯⋯⋯⋯

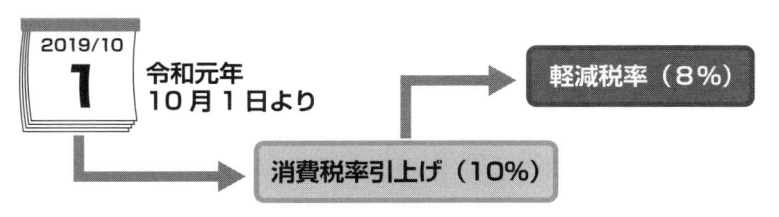

2 適用される品目とそうでない品目を見分ける

飲食料品と定期購読の新聞等が軽減税率の対象となる

◉ どんな商品が適用対象なのか

　軽減税率は、おもに低所得者層に対する税負担を軽減させる制度であるため、個人が生活していく上で欠かせない生活必需品を中心に対象となる品目が定められています。具体的には、「飲食料品」と「新聞」が軽減税率の対象になります。

　軽減税率の対象となる飲食料品とは、食品表示法に規定する食品をいい、輸入品も対象となります。ここで、食品表示法に規定する食品とは、すべての飲食物のことをいいますが、医薬品及び医薬部外品等は食品から除かれています。食品には、低価なものから高価なものまでさまざまなものがありますが、原則として商品の値段に関係なく軽減税率の対象になります。つまり、たとえば高級肉のようないわゆる贅沢品であったとしても軽減税率が適用される場合があるということです。

　また、酒類は軽減税率の対象外となりますので、結局のところ、軽減税率かどうかは、おもに商品の種類に基づいて分類されており、基本的には、酒類、医薬品及び医薬部外品等を除いた飲食料品で、食事の提供（75ページ）にもあたらないものが「飲食料品」としての軽減税率の対象となる商品ということになります。

　次に、軽減税率の対象となる「新聞」とは、定期購読契約に基づき、一定の題号を用いて、政治、経済、社会、文化等に関する一般社会的事実を掲載する週2回以上発行されるものをいいます。新聞販売店との定期購読契約によって、毎日自宅に届けられる日刊新聞が軽減税率の対象となる代表的な例となります。

● 問題となる商品をどのように見分けたらよいのか

飲食料品と新聞の中でも、軽減税率の対象となるものとならないものがあります。そこで、どのような商品が8％であり、また10％であるのかについて説明します。

① 飲食料品

飲食料品は、一般的な飲食品すべてを指し、8％が適用されますが、あくまで人の飲食用のものが対象であるため、動物用のペットフードは10％になります。販売時点で飲食用かどうかが判断されるため、コーヒー豆、食用のかぼちゃの種や食用の生きている魚は8％ですが、同じ食用の生きている牛、果物の苗木・種子、賞味期限の食品を廃棄するための譲渡は10％となります。食品の製造で使用される食品衛生法の添加物は8％となります。水道水（水道料金）は、飲用としての水と、風呂や洗濯などの生活用水とは関係なく提供されるものであるため10％となります。

また、酒類、医薬品または医薬部外品等ではなく、かつその飲食料品が食事の提供（外食などのサービスの提供）にもあたらない場合に8％となります。

酒類は、酒税法に規定するアルコール分一度以上の飲料のこと

■ おもな軽減税率対象商品の区分 ……………………………………

	軽減税率対象（消費税8％）	軽減税率対象外（消費税10％）
飲食料品	・一般的な飲食料品の購入 ・学校給食 ・出前・宅配	・酒類の購入 ・医薬品・医薬部外品の購入 ・飲食料品の外食等
新聞	・定期購読契約に基づく週2回以上発行の一般的な新聞（日刊新聞等）	・売店で直接購入した新聞 ・電子版の新聞

をいいます。一般的なビール、日本酒、焼酎、ワイン、みりんは10％になります。一方、ノンアルコールビール、料理酒などの発酵調味料（アルコール分が一度以上であるが塩などを加えて飲用できないようにしたもの）、みりん風調味料（アルコール分が一度未満のもの）、酒類を原料としたお菓子（酒税法に規定する酒類に該当しないもの）、日本酒を製造するための原材料の米は8％となります。

医薬品または医薬部外品等については、ドラッグストアなどで販売される薬や医薬部外品の栄養ドリンクは10％となります。しかし、同じような栄養ドリンクでも清涼飲料水であれば8％となります。また、健康食品や美容食品などの食用品も8％になります。これらは、商品のパッケージの品名や原材料名などで見分けることになります。

② **新聞**

新聞に8％が適用されるのは、「定期購読契約」で「一定の題号」により「政治、経済、社会、文化等に関する一般社会的事実を掲載」して「週2回以上発行」されるものです。

駅の売店やコンビニエンスストアなどで新聞を直接購入する場合は、定期購読契約にあたらないため10％となります。週刊紙は、定期購読契約であったとしても刊行は基本的に週1回であるため10％となります。一方、スポーツ紙や業界紙、英字新聞などは、定期購読契約により週2回以上発行されるものであれば8％となります。基本は週2回発行されるが、休刊日があり限定的に週1回しか発行されない場合があったとしても8％となります。

最近では、インターネットを利用した電子版の日刊新聞があります。電子版の新聞は、定期購読契約であったとしても10％となります。これは、商品などの譲渡にはあたらず、電気通信利用役務の提供に該当するサービスの提供になるためです。紙の新聞と

電子版の新聞のセット販売の場合には、両者の金額を区分した上で、紙の新聞は8％、電子版の新聞は10％となります。

　また、新聞販売店が、定期購読契約に基づき一定の固定部数をホテルに販売し、ホテル側ではその新聞を従業員の購読用、ロビーの設置用、宿泊客への無料の配布用として使用される場合があります。これらの場合には、購読者はホテル側とされ8％となります。しかし、当日の宿泊数に応じて納品する追加部数部分やホテルで新聞を再販売する場合には、購読者はホテル側ではないとして10％となります。

● 食事の提供（サービスの提供）にあたるかどうか

　飲食料品は、その商品の食事する「場所」や「サービス」によっても軽減税率かどうかが判断されます。

・場所について

　「場所」とは、レストランのように飲食設備（テーブル、椅子、カウンターなど）のある所や商品の購入先で飲食する場合を意味し、これらの場所で飲食を行う場合には外食として食事の提供（サービスの提供）という扱いになり、軽減税率は適用されず10％となります。一方、テイクアウト（持ち帰り）、出前・宅配、インターネットや通信販売での飲食料品の購入は8％となります。

　たとえば、ファーストフード店のようなテイクアウトも店内飲食も可能な場所では、テイクアウトであれば8％、店内飲食であれば10％となります。コンビニエンスストアのイートインでの飲食やフードコートでのセルフサービスなどは、その場で飲食をすることになるため10％となります。

　一方、移動販売車やお店などで購入したお弁当を公園のベンチで食べる場合には8％となります。公園のベンチは、飲食料品を提供する事業者が設置したものではないためです。

また、義務教育の小学校や中学校の給食は外食として扱われずに8％で、高校や大学などの学食や会社の社員食堂は10％となります。

その他、飲食料品を販売する場所で留意する必要がある取引には次のものがあります。

① **遊園地**

遊園地での売店で飲食料品を購入する場合は、売店のそばに設置されたテーブルや椅子などの売店側で管理が及ぶ場所で飲食する場合は10％になります。しかし、園内に点在する売店側の管理が及ばないベンチ等での飲食は8％になります。

② **カラオケボックス**

カラオケボックスの客室内での飲食メニューによる飲食の提供は、外食扱いとなり10％になります。

③ **映画館**

映画館の売店での飲食料品の販売は、飲食料品の譲渡にあたるため、8％になります。なお、売店のそばにテーブル、椅子等を設置して、その場で顧客に飲食させている場合には、10％になります。

また、売店により、映画館の座席で次のような飲食料品の提供が行われる場合には、10％になります。

ⓐ 座席等で飲食させるための飲食メニューを座席等に設置して、顧客の注文に応じてその座席等で行う食事の提供

ⓑ 座席等で飲食するため事前に予約を取って行う食事の提供

・**サービスについて**

「サービス」に関しては、パーティーやイベント等で提供される料理は、それらは飲食料品の譲渡ではなくサービスの提供になるため10％となります。また、購入する食品を店員が運んでくれる場合もサービスを受けたということになり、ケータリングや出張料理のように、顧客が指定した場所に顧客に飲食をさせる場合もサービスの提供として10％となります。

いちご狩り、潮干狩り、釣り堀などの入場料、カタログギフト、飲食料品のお土産付きのパック旅行もサービスの提供になるため、同様に10％となります。

　一方、自動販売機でのジュースなどの販売はサービスの提供ではなく資産の譲渡に該当するため、８％になります。また、レストランに食材を卸販売する場合も資産の譲渡として８％になります。

◉ 一体資産について

　飲食料品におまけなどの他の商品を付けてセットとして販売される場合があります。飲食料品とそれ以外のものがあらかじめ一体となっている商品で、一つの価格で販売されているものを**一体資産**といいます。一体資産は、次の２つの要件を満たす場合には商品全体が消費税率８％となります。

> ・一体資産の税抜価額が１万円以下であること
> ・一体資産の食品の価額の占める割合が３分の２以上であること

　ここで、価額の占める割合とは、事業者の販売する商品や販売実態等に応じて、一体資産の売価のうち食品の売価の占める割合や、一体資産の原価のうち食品の原価の占める割合をいいます。

　この割合が３分の２未満である場合や１万円を超える商品の場合には、商品全体が消費税率10％となります。食品と食品以外が入った福袋や、洋菓子などが食器としても使える容器に入って販売されている場合も、上記の２つの要件に基づき一体資産かどうかを判断します。セット販売で、おまけのおもちゃが非売品で対価が設定されていない場合には、セット商品の販売価格から飲食料品部分の価格を控除した額を非売品の売価と考えます。もし、

おもちゃが付かない場合でもセット商品の価格が変わらない場合には、非売品の売価はゼロとして、あとは1万円以下であるかどうかで一体資産を判断するということになります。

セット販売の商品を仕入れる場合に共通して配送料などの付随費用が発生する場合については、3分の2の判断はどのように行えばよいのでしょうか。この場合は、たとえば付随費用を考慮外にして商品の仕入価格のみで割合を計算する方法や、付随費用をそれぞれの商品の仕入価格に按分して、その按分後の価額で割合を計算することが考えられます。なお、付随費用が共通して発生しているのに、食品の一方にのみ付随費用を加算して割合を計算する方法は認められません。

◉ 一体資産以外のセット販売について

一体資産ではありませんが、他の物とセットで販売される場合で、軽減税率の判断に留意が必要となる取引には次のものがあります。

・詰め合わせ商品

詰め合わせ商品でも、個々の商品の価格が内訳として提示されている場合には、一体資産にはならず、それぞれの商品によって8％または10%が適用されます。

・自由に組み合わせ可能な商品

個々の商品の価格が提示されているか否かに関係なく、たとえば「よりどり3個△△円」との価格を表示し、商品の購入者が自由に組み合わせることができるようにして販売されている場合も、一体資産にはならず、それぞれの商品によって8％または10%が適用されます。

・特殊な包装に飲食料品を詰めて販売する場合

たとえば、キャラクターを印刷した缶箱にお菓子を詰めて販売するような場合の缶箱は、その販売に付帯して通常必要なものと

して使用されるものであれば、その缶箱も含めた飲食料品の譲渡として8％になります。これは、飲食料品の販売に際して付帯するビニール袋、プラスチック容器、紙箱、缶箱等の包装材料は、購入者が再利用することがあったとしても、販売者にとっては通常これらの包装材料を、この飲食料品の包装材料以外の用途に再利用させることを前提で付帯しているものではないと考えられるためです。お弁当などを購入する際に付帯される割り箸、フォークやスプーン、お手ふき、保冷剤なども同様の取扱いになります。

・セット商品のうち一部を店内で飲食する場合

ファーストフード店で、ハンバーガーとドリンクがセットで一つの商品として販売し、たとえば顧客からこのうちドリンクだけを店内飲食すると意思表示された場合でも、セット商品の販売全体がサービスの提供に該当するため、10％となります。

◉ 販売奨励金や製作物供給契約など

その他、売手側の特有の販売形態等で、軽減税率の判断に留意が必要となる取引には次のものがあります。

・販売奨励金

事業者が、販売促進の目的で課税資産の販売数量、販売高等に応じて取引先に対して支払いを行う、あるいは支払いを受ける場合は、その対象となった課税資産の譲渡または課税仕入が飲食料品であれば8％が適用されます。

ただし、販路拡大などのサービスの提供の対価として支払う、あるいは受け取る場合は軽減税率の適用対象とはならず10％になります。

・製作物供給契約

委託者の注文に応じたものを製作して販売するような製作物供給契約によって、受託者が飲食料品を受託製造して委託者に納品

する場合は、その取引が「製造販売」にあたる場合には8％となり、「賃加工（加工賃のみを請求する）」であればサービスの提供として10％になります。たとえば、委託者が、製作のための原材料や包装資材を受託者に有償で提供し、受託者は製品を製造して原材料や包装資材の代金に加工賃を加えた額を販売価格として売る場合には、一般的な製造販売と変わらないため8％になります。

・各種の手数料

次に該当する手数料はサービスの提供にあたるため、10％となります。

---

① 自動販売機を設置し、飲料メーカーから、販売数量等に応じて受領する販売手数料

② 食品卸売業者が、スーパーマーケットの物流センターに食品を納品し、その際に食品の販売数量や販売高に応じて、物流センターの使用料であるセンターフィーを支払う場合

③ 飲食料品販売の委託者が販売代行業者（受託者）に販売を委託し、商品が販売された際に販売代行業者に支払う委託手数料

なお、③については、委託者が販売代行業者から受け取る飲食料品の販売対価（軽減税率8％）とは税率が異なるため、委託手数料の支払対価（標準税率10％）を控除して、控除後の対価を課税売上高とするような純額処理を行うことはできません。

◉ テイクアウトや店内飲食の価格表示について

テイクアウトも店内飲食もできるお店では、同じ商品であったとしても、異なる税率が適用されることになります。売手である

事業者がどのような価格設定を行うかは事業者の任意ですが、テイクアウト等（8％）及び店内飲食（10%）で異なる税込価格を設定する場合の価格表示方法としては以下の2つの方法が考えられます。

- ・テイクアウト等及び店内飲食の両方の税込価格を表示する方法
- ・テイクアウト等または店内飲食のどちらか片方のみの税込価格を表示する方法

また、8％が適用されるテイクアウト等の税抜価格を、10%が適用される店内飲食より高く設定または店内飲食の税抜価格を低く設定することで同一の税込価格を設定し、表示することも可能です。たとえば、店内飲食の場合での税込価格が2,970円（本体価格2,700円、標準税率10% 270円）となる商品について、テイクアウトの場合でも税込価格を同額の2,970円（本体価格2,750円、軽減税率8％ 220円）とすることなどがあります。

◉ 8%か10%かわからないときは

軽減税率は、消費税としては日本で初めて導入された制度であり、また、飲食料品や新聞について8％と10%のいずれが適用されるのかを判断するのが困難な場合があります。そこで、8％か10%がわからないときには、国税庁のウェブサイトに軽減税率制度に関する多くのQ&Aが設けられていますので、まずはそれを参考にするとよいでしょう。それでもわからない場合には、税務署や税理士などの専門家に確認する必要があります。

3 インボイス制度について知っておこう

請求書や会計帳簿への記載方法や商品の管理方法などにも影響

● 経理上何が変わるのか

　軽減税率導入後は、8％と10％の複数の税率が併存することになります。経理上は、おもに会計帳簿と請求書等の運用に変更が生じます。具体的には、軽減税率制度が開始された令和元年10月1日から令和5年9月30日までは「区分記載請求書等制度」が導入され、令和5年10月1日より**インボイス制度（適格請求書等制度）**が導入されるため、これらに対応して会計帳簿の記載内容も変更されます。区分記載請求書等制度は、その後のインボイス制度導入までの過渡的な制度となります。

　区分記載請求書等制度では、売手は買手からの求めに応じて次のような記載事項を完備した区分記載請求書等を買手に交付する必要があります。

---

① 区分記載請求書等発行者（売手）の氏名または名称
② 取引年月日
③ 取引の内容（軽減税率の対象資産の譲渡等があればその旨）
④ 税率ごとに区分して合計した課税資産の譲渡等の対価の額（税込額）
⑤ 書類の交付を受ける事業者（買手）の氏名または名称

　従来の請求書とは次の点が異なります。③の取引の内容には、軽減税率の対象資産があればそのことを記載することが追加されました。④の対価の額には、税率ごとに区分した税込額を記載す

ることが追加されました。なお、不特定多数の者に対して販売等を行う小売業等については、⑤の買手の氏名等の記載を省略することができます。

　また、会計帳簿では、令和元年9月30日までの取引は、ある商品を仕入れた場合に「仕入先の氏名または名称」「取引年月日」「取引の内容」「取引金額」を記載すれば足りました。しかし、令和元年10月1日以降は、その商品が軽減税率8％の対象であれば取引の内容に「軽減税率の対象品目である旨」の記載が追加されました。つまり、その取引が軽減税率の対象であるのかどうかを帳簿上区分しておく必要があるということです。そして、消費税の仕入税額控除を受けるには、軽減税率の対象品目と税率ごとに合計した税込価額が明記された区分記載請求書等を入手・保存しておく必要があります。

　このように、軽減税率導入後では、8％と10％が併存することになるため、請求書や会計帳簿において明確に税率の区分を行うことが要求されています。事業者にとってみれば、請求書や会計帳簿だけでなく、日々の売上・仕入商品についての軽減税率の対象取引であるのかどうかの確認や、商品管理や販売管理方法の見直し、値札の付け替え、価格表示の変更など、販売業務や購買業務などの広範囲にわたって実務に大きな影響が及ぼすことに留意が必要です。

◉ インボイス制度とは

　続いて、インボイス制度が導入された場合には、区分記載請求書等と同様に、税率が8％と10％の取引を明確に区分するために、売手が一定の記載をした適格請求書等（インボイス）を買手に交付する必要があります。令和元年10月1日から令和5年9月30日までの間は区分記載請求書等制度が導入されますが、令和5年10

月1日から「インボイス制度」に移行されます。区分記載請求書等は誰でも発行ができますが、適格請求書等は課税事業者しか発行ができません。さらに、適格請求書等を発行するには、事前に税務署へ一定の申請を行って適格請求書発行事業者として登録を受けておく必要があります。この登録は課税事業者でないと行えないルールとなっていますので、免税事業者は課税事業者に変更しない限り適格請求書の発行ができません。

　登録番号は、法人の課税事業者の場合は「T＋法人番号」であり、個人事業者や人格のない社団などの課税事業者は「T+13桁」の番号（マイナンバーではありません）となります。

● どんなことを書かなければならないのか

　インボイス制度では、売手（課税事業者）は買手からの求めに応じて次のような記載事項を完備した適格請求書等を買手に交付し、また交付した適格請求書の写しを保存する義務が課されます。

---

①　適格請求書発行事業者（売手）の氏名または名称及び
　登録番号
②　取引年月日
③　取引内容（軽減税率の対象品目である場合はその旨）
④　税率ごとに合計した対価の額（税抜または税込）及び
　適用税率
⑤　税率ごとに区分して合計した消費税額等
⑥　書類の交付を受ける事業者（買手）の氏名または名称

　インボイス制度に先立って適用される区分記載請求書等とは次の点が異なります。①の売手の氏名等には、適格請求書発行事業者としての登録番号の記載が追加されました。④の対価の額には、

税率ごとの合計の対価の額が税抜または税込で記載することになり、また適用税率の記載が追加されました。⑤では、消費税額の記載が追加されました。

　インボイス制度で認められる請求書等には次のものがあります。
・適格請求書または適格簡易請求書（後述の簡易方式）
・仕入明細書等（適格請求書の記載事項が記載されており、相手方の確認を受けたもの）
・卸売市場において委託を受けて卸売の業務として行われる生鮮食品等の譲渡及び農業協同組合等が委託を受けて行う農林水産物の譲渡について、委託者から交付を受ける一定の書類
・上記の書類に関する電磁的記録（電子ファイル等）
　また、会計帳簿への記載事項は、区分記載請求書等の場合と変わりはありません。つまり、「仕入先の氏名または名称」「取引年月日」「取引の内容（軽減税率の対象品目があればその旨）」「取

■ 適格請求書の記載例 ……………………………………………

株式会社〇〇御中

請求書

東京都 XX 区 XX1-23-4
〇〇株式会社
（登録番号 TXXXXXXXXXXXX）

令和5年 10 月分

月日	品名	金額
10 / 1	米　　※	10,800 円
10 / 8	牛肉　　※	8,640 円
10 /20	ビール	6,600 円
合計		26,040 円

（ 8% 対象　18,000 円　消費税 1,440 円）
（10% 対象　　6,000 円　消費税　600 円）
※軽減税率対象

引金額」を記載する必要があります。

　なお、消費税の仕入税額控除を受けるには、適格請求書等を入手・保存しておく必要があります。免税事業者と取引を行う場合には、免税事業者は適格請求書が発行できないため、免税事業者が発行した請求書では仕入税額控除ができないことになります。

● 簡易方式とは

　不特定多数の者に対して販売等を行う小売業、飲食店業、タクシー業等については、通常の適格請求書等とは異なり次のとおり記載事項を一部簡略化した「適格簡易請求書」を交付することができます。

①　適格請求書発行事業者（売手）の氏名または名称及び登録番号
②　取引年月日
③　取引内容（軽減税率の対象品目である場合はその旨）
④　税率ごとに合計した対価の額（税抜または税込）
⑤　税率ごとに区分して合計した消費税額等または適用税率

● どんな特例があるのか

　インボイス制度の下では、売手は、買手からの求めに応じて原則として適格請求書を交付する義務が生じます。ただし、不特定多数の者などに対してその都度適格請求書を交付するのも実務上困難が生じる場合があります。そこで、以下の取引は適格請求書の交付義務が免除されます。

①　船舶、バスまたは鉄道による旅客の運送（３万円未満のもの）
②　出荷者が卸売市場において行う生鮮食料品等の譲渡（出荷者から委託を受けた者が卸売の業務として行うもの）

③　生産者が行う農業協同組合、漁業協同組合または森林組合等に委託して行う農林水産物の譲渡（無条件委託方式かつ共同計算方式により生産者を特定せずに行うもの）

④　自動販売機により行われる課税資産の譲渡等（3万円未満のもの）

⑤　郵便切手を対価とする郵便サービス（郵便ポストに差し出されたもの）

　また、免税事業者からの仕入については、インボイス制度導入後は原則として仕入税額控除の適用ができなくなります。ただし、区分記載請求書等と同様の事項が記載された請求書等を保存し、帳簿に軽減税率に関する経過措置の規定の適用を受けることが記載されている場合には、次のとおり一定期間においては仕入税額相当額の一定割合を仕入税額として控除できるとする経過措置が設けられています。

・令和5年10月1日から令和8年9月30日までの期間は仕入税額相当額の80%

・令和8年10月1日から令和11年9月30日までの期間は仕入税額相当額の50%

■ 会計帳簿の記載例 ………………………………………………

総勘定元帳（仕入）			
月　日	相手科目	摘　　要	借　　方
10/31	現金	○○食品㈱　※米・牛肉 10月分	19,440
10/31	現金	○○食品㈱　　　ビール 10月分	6,600
			※軽減税率対象

区分記載請求書等の場合も適格請求書等の場合も、「軽減税率の対象品目である旨」を追記する

4 区分記載請求書等の記載事項について知っておこう

インボイス制度導入前の過渡的な制度である

●「軽減対象資産の譲渡等である旨」の記載の仕方

軽減税率の対象となる商品がある場合には、区分記載請求書等に軽減対象資産の譲渡等であることが客観的に明らかであるといえる程度の表示が必要であり、具体的には請求書に次のいずれかのように記載します。

- ・個々の取引ごとに8％や10％の税率を記載する
- ・8％の商品に「※」や「☆」といった記号や番号等を表示し、かつ、「※（☆）は軽減対象」などと表示することで、軽減対象資産の譲渡等である旨」を明らかにする
- ・8％の商品と10％の商品とを区別し、8％として区別されたものについて、その全体が軽減税率の対象であることを記載する
- ・8％の商品と10％の商品で請求書を分けて作成し、8％の請求書には軽減税率の対象であることを記載する

● 仕入れ先から受け取った請求書等の問題点

区分記載請求書等には、従来の請求書の記載事項の他に次の2点を記載することが追加されます。

- ・軽減税率の対象資産があればその旨
- ・税率ごとに区分した税込額

仕入れ先が課税事業者であっても免税事業者であっても、これ

らが記載された区分記載請求書等を入手し保存することが仕入税額控除の要件となっています。

　それでは、仕入れ先から受け取った請求書等にこれら2点の記載がなかった場合には、仕入税額控除が受けられないのでしょうか。

　これについては、請求書を受け取った買手が、その取引の事実に基づいてこれらの事項を追記して保存をすれば仕入税額控除を受けることができます。

　なお、この2つの記載事項以外で請求書に不備があれば仕入税額控除が受けられないので、売手に請求書の再発行を求める必要があります。

● 適格請求書等保存方式への変更上の注意点

　令和5年10月からは、区分記載請求書等保存方式から適格請求書等保存方式に変わります。適格請求書等保存方式は、請求書等の発行、請求書等の記載内容、請求書等の運用・保存の点で、区分記載請求書等保存方式とは次のとおり異なります。

① 請求書等の発行

　請求書等の発行は、区分記載請求書等では誰でも行うことができますが、適格請求書等では課税事業者しか行うことができません。また、課税事業者はあらかじめ税務署に「適格請求書発行事業者の登録申請書」を提出して、適格請求書発行事業者として登録を受ける必要があります。登録申請は令和3年10月から行うことが可能ですが、令和5年10月より適格請求書等が発行できるようにするためには、令和5年3月までに登録申請書を提出する必要があります。

　免税事業者が適格請求書発行事業者としての登録を受けるためには、「消費税課税事業者選択届出書」（197ページ）を提出し、課税事業者になる必要があります。ただし、令和5年10月1日を

含む課税期間中に登録を受ける場合には、登録を受けた日から課税事業者となる経過措置が設けられています。この場合には、消費税課税事業者選択届出書の提出は必要ありません。

② 請求書等の記載内容

　適格請求書等は、区分記載請求書等と比較すると請求書等の記載内容に関して次のとおり異なります。

　・適格請求書等には適格請求書発行事業者の登録番号が追加される
　・適格請求書等には税率ごとに合計した対価の額（税抜または税込）及び適用税率が記載される
　・適格請求書等には税率ごとに区分して消費税額等の合計が記載される

　適格請求書等では税率ごとに合計の消費税額の記載が必要となります。これは、適格請求書等の中にある品目の一つひとつに対して消費税額を計算するのではなく、請求書単位で8％の品目の合計と10％の品目の合計に対するそれぞれの消費税額を記載します。

　一方、対価の額（取引金額）は税抜でも税込でもどちらでも記載してもよいことになっています。

　なお、区分記載請求書等では、従来の請求書等から記載の追加が要求されている事項（82ページ）について記載の不備があった場合には、請求書を受領した買手側がその取引の事実に基づいて追記することが可能ですが、適格請求書等の記載事項に不備があった場合には、追記は特に認められていないため、売手に対して請求書の再発行を求める必要があります。

③ 請求書等の運用・保存

　適格請求書発行事業者は、取引の相手方（買手）からの求めに

応じて原則として適格請求書を交付する義務の他、適格請求書の写しを保管する義務が課されます。

● 免税事業者からの課税仕入れの取扱いはどう変わる

　免税事業者は適格請求書等が発行できません。また、課税仕入れに対する仕入税額控除の適用を受けるには、適格請求書発行事業者が発行する適格請求書等を受領する必要があるため、免税事業者が発行する請求書等では、令和5年10月以降は原則として仕入税額控除を受けることができなくなります。ただし、87ページで説明したとおり、一定期間においては仕入税額相当額の50％または80％を仕入税額として控除できる経過措置があります。

■ 区分記載請求書の記載例 ･･････････････････････････････

株式会社〇〇御中

請求書

東京都 XX 区 XX1-23-4
〇〇株式会社

令和元年 10 月分

月日	品名		金額
10 / 1	米	※	10,800 円
10 / 8	牛肉	※	8,640 円
10 /20	ビール		6,600 円
合計			26,040 円

8% 対象　19,440 円
10% 対象　6,600 円

※軽減税率対象

適格請求書等保存方式が適用されるまでの税額計算の仕方

8％と10％に分けて消費税を計算する必要がある

● 税額計算のためにどんなことを知っておくべきか

令和元年10月以降より、8％と10％の複数の税率が混在することになりますが、消費税の計算は、売上と仕入に対して税率ごとに区分して行う必要があります。また、仕入税額控除を受けるようにするためには、必要事項が記載された請求書等の保存だけでなく、8％の軽減税率の取引については、会計帳簿に軽減対象資産の譲渡等であることを記載する必要があります。

● 複数税率になった後の税額計算の仕方

8％と10％の複数税率の下での消費税の計算は次のように行います。

① 消費税額の計算

ここでの消費税額とは、消費税を国税部分と地方消費税を分けた場合の国税部分のことをいいます。

まず、課税売上げに対する消費税額を計算します。課税期間中の課税資産の譲渡等に対する課税売上げの税込価額を標準税率10％と軽減税率8％に分けて合計し、10％であれば110分の100を掛けて、8％であれば108分の100を掛けて課税標準額を計算します。そして、10％に対する課税標準額に7.8％を掛けて、また8％に対する課税標準額に6.24％を掛けて、これらを合計して課税売上げに対する消費税を計算します。

次に、課税仕入れに対する消費税額を計算します。課税仕入れの税込価額を標準税率10％と軽減税率8％に分けて合計し、10％

であれば110分の7.8を掛けて、 8 ％であれば108分の6.24を掛けて
これらを合計して課税仕入れに対する消費税を計算します。また、
保税地域から引き取った課税貨物に対する消費税（輸入消費税）
も含めます。

　ただし、簡易課税制度を適用されている場合には、158ページ
以降に基づいて計算します。

■ 複数税率の場合の消費税の計算方法 ……………………………

❶ 消費税額の計算

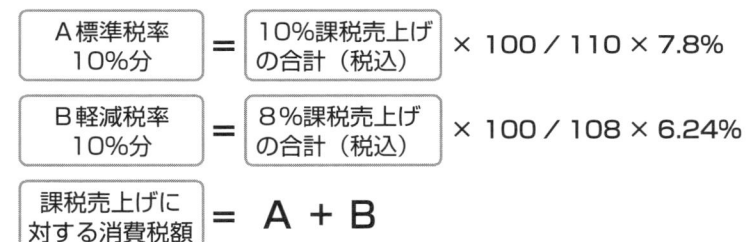

【課税売上げに対する消費税額】

$$\text{A標準税率10\%分} = \text{10\%課税売上げの合計（税込）} \times 100 / 110 \times 7.8\%$$

$$\text{B軽減税率10\%分} = \text{8\%課税売上げの合計（税込）} \times 100 / 108 \times 6.24\%$$

$$\text{課税売上げに対する消費税額} = A + B$$

【課税仕入れ等に対する消費税額】

$$\text{課税仕入れ等に対する消費税額} = \text{国内課税仕入れに対する消費税額}^{(※)} + \text{外国貨物の引き取りに対する消費税}$$

※課税仕入れの合計額（税込）×7.8/110（または 6.24/108）

❷ 地方消費税額の計算

$$\text{地方消費税額} = \text{消費税額} \times 22/78$$

❸ 納付税額の計算

$$\text{納付税額} = \text{消費税額} + \text{地方消費税額}$$

以上により計算した、課税売上げに対する消費税額から課税仕入れに対する消費税を差し引いた額が消費税額となります。

②　地方消費税額の計算

　上記①で計算した消費税額に78分の22を掛けて地方消費税額を計算します。

③　納付税額の計算

　上記①と②を合計して納付税額を計算します。

　なお、上記①〜③により消費税を計算する他、請求書に記載された消費税額等の合計額に100分の78を掛けた金額を課税売上げに対する消費税額とする（積上げ計算）ことができます。この場合は、課税仕入れに対する消費税額も同様の方法により計算する必要があります。

◉ 中小事業者の特例

　中小事業者（基準期間の課税売上高が5,000万円以下の事業者）で、課税売上げまたは課税仕入れに対する税込額を税率の異なるごとに区分して合計することが困難な場合には、経過措置として一定期間、簡便的な計算により軽減税率の対象となる課税売上げまたは課税仕入れを計算することができます。

①　売上税額の計算の特例

　課税売上げを税率の異なるごとに区分して合計することが困難な場合には、課税売上げ（税込）の合計額に一定割合を掛けて軽減税率の対象となる課税売上げを計算します。経過措置の期間は、令和元年10月から令和5年9月までの4年間です。一定割合とは中小事業者の業種等によって次のとおりとなります。

・小売等軽減仕入割合

　課税仕入れ等（税込）を税率ごとに管理できる卸売業または小

売業を営んでいる場合には、卸売業及び小売業の課税仕入れ（税込）のうち、軽減税率の対象となる売上にのみ要する課税仕入れ等（税込）の割合（小売等軽減仕入割合）を使用します。

・軽減売上割合

通常の連続する10営業日の課税売上げ（税込）に占める同期間の軽減税率の対象となる課税売上げ（税込）の割合（軽減売上割合）を使用します。

・割合の計算が困難な場合

前述のような、割合の計算が困難な場合には一定割合を50％とすることができます。

② 仕入税額の計算の特例

課税仕入れを税率の異なるごとに区分して合計することが困難な場合には、次の方法により計算します。なお、経過措置の期間は、令和元年10月から令和2年9月までの1年間です。

・小売等軽減売上割合

課税売上げ等（税込）を税率ごとに管理できる卸売業または小売業を営んでいる場合には、課税仕入れ（税込）の合計額に、小売等軽減売上割合を掛けて軽減税率の対象となる課税仕入れを計算します。ここで、小売等軽減売上割合とは、卸売業及び小売業の課税売上げ（税込）のうち、軽減税率の対象となる課税売上げ（税込）の割合をいいます。

・簡易課税制度の利用

簡易課税制度を適用していない中小事業者が、簡易課税制度の適用を受けようとする課税期間の末日までに提出した場合には、簡易課税制度を事後的に適用することができます。

◉ 具体例で考えてみる

複数税率に基づいた原則的な消費税の税金計算について、具体

的な数値を使用して説明します。なお、課税売上割合は100％として、仕入税額控除が全額適用できるものとします。

【数値例】
① 課税売上げ
・標準税率対象（10％）：課税売上高5,500万円（本体価額5,000万円、消費税500万円）
・軽減税率対象（8％）：課税売上高3,240万円（本体価額3,000万円、消費税240万円）
② 課税仕入れ
・標準税率対象（10％）：課税仕入れ4,400万円（本体価額4,000万円、消費税400万円）
・軽減税率対象（8％）：課税仕入れ2,700万円（本体価額2,500万円、消費税200万円）

・**課税売上に対する消費税額**
標準税率分＝5,500万円×100/110×7.8/100＝390万円
軽減税率分＝3,240万円×100/108×6.24/100＝187万2,000円
・**課税仕入に対する消費税額**
標準税率分＝4,400万円×100/110×7.8/100＝312万円
軽減税率分＝2,700万円×100/108×6.24/100＝156万円
・**消費税額の計算**
（390万円＋187万2,000円）－（312万円＋156万円）＝109万2,000円
・**地方消費税額の計算**
109万2,000円×22/78＝30万8,000円
・**納付税額**
109万2,000円＋30万8,000円＝140万円

6 適格請求書等保存方式が適用された後の税額控除

免税事業者からの仕入れは仕入税額控除ができなくなる

● 適格請求書等保存方式とは

82 〜 87ページで説明したとおり、令和5年10月以降から区分記載請求書等保存方式に代わって**適格請求書等保存方式**が導入されます。適格請求書等保存方式は、次の特徴があります。

① **適格請求書等が発行できるのは課税事業者のみであること**

従来の請求書や令和元年10月から令和5年9月まで導入される区分記載請求書等は、誰でも発行することができました。しかし、令和5年10月以降から導入される適格請求書等は、課税事業者しか発行することができなくなります。

② **適格請求書等を発行するには適格請求書発行事業者として事前に税務署に申請し登録を得ている必要があること**

適格請求書等は、課税事業者であるのみだけでなく、適格請求書等発行事業者登録申請書の登録申請書を提出し、登録を受ける必要があります。

③ **適格請求書等がないと原則として買手側では仕入税額控除ができないこと**

消費税は、基本的には売上によって預かった消費税から仕入によって支払った消費税を控除しその残高を納付することになっています。仕入税額控除ができるようになるためには、仕入先から適格請求書等を入手する必要があります。もし、適格請求書等が入手できなければ、預かった消費税から支払った消費税が控除できず、預かった消費税を全額納付することになってしまいます。また、免税事業者は適格請求書等が発行できないため、免税事業

者からの課税仕入れに対する消費税についても仕入税額控除ができなくなります。

● 税額計算の仕方

　インボイス制度での税額計算の仕方は、92 ～ 96ページで説明した区分記載請求書等の場合と特に変わりません。ただし、免税事業者からの課税仕入れについては、仕入税額控除ができないので、その場合の計算方法を知っておく必要があります。

　税抜経理処理を行う場合で、仕入税額控除が受けられない消費税は「控除対象外消費税」といいます。控除対象外消費税が発生する場合は、それが資産に関する取引か資産以外（経費）に関する取引かによって、次のとおり処理が異なります。

・資産に関する取引の場合

　次のいずれかの方法によって、損金の額または必要経費に算入します。

① 　その資産の取得価額に消費税を含めて、償却費などとして損金の額に算入します。

② 　次のいずれかに該当する場合には、損金経理を行った上でその事業年度の損金の額に算入またはその年分の必要経費に算入します。

ⓐ 　その事業年度または年分の課税売上割合が80％以上であること

ⓑ 　棚卸資産（在庫）に関する控除対象外消費税額であること

ⓒ 　一つの資産で控除対象外消費税額が20万円未満であること

③　上記の①②に該当しない場合には、「繰延消費税額」として資産計上し、繰延消費税額を60で割って、これに事業年度の月数またはその年の業務を行っていた月数を掛けた金額に基づき、損金経理または必要経費に算入します。なお、その資産を取得した事業年度あるいは年分においては、上記によって計算した金額の2分の1を損金経理または必要経費に算入します。

・**資産以外（経費）に関する取引の場合**

全額を損金または必要経費として処理します。

ただし、会社等の法人においては、交際費等に関する控除対象外消費税額は、消費税抜きの交際費等の合計額に、その額に相当する金額を加えた額を交際費等の額として交際費等の損金不算入額を計算します。

■ **区分記載請求書等と適格請求書等の主な違い** ··················

	区分記載請求書等	適格請求書等
適用時期	令和元年10月から令和5年9月まで	令和5年10月以降
発行者	誰でも発行が可能	適格請求書発行事業者が発行可能（課税事業者のみ）
従来の請求書から追記された記載事項	・軽減対象資産の譲渡等である旨 ・税率ごとに合計した対価の額（税込）	・軽減対象資産の譲渡等である旨 ・税率ごとに合計した対価の額（税抜または税込） ・登録番号 ・税率ごとの消費税額及び適用税率
請求書受領者側での上記の追記の可否	追記可能	追記不可

● 具体例で考えてみる

① 仕入先がすべて適格請求書発行事業者である場合

　区分記載請求書等の場合と税金計算の方法は特に変わりませんので、95 ～ 96ページと同様に計算します。

② 仕入先に免税事業者が含まれている場合

　免税事業者からの課税仕入れは仕入税額控除できませんので、①と計算方法が異なります。ここでは、簡略化のため課税仕入れがすべて免税事業者からの仕入であった場合に96ページと同じ数値を使用して税金計算を行うと、次のとおりになります。なお、仕入はいずれも資産以外からの仕入とします。

・課税売上に対する消費税額

　標準税率分＝5,500万円×100/110×7.8/100＝390万円

　軽減税率分＝3,240万円×100/108×6.24/100＝187万2,000円

・課税仕入に対する消費税額

　免税事業者からの仕入のためゼロ

・消費税額の計算

　（390万円＋187万2,000円）－ 0 万円）＝577万2,000円

・地方消費税額の計算

　577万2,000円×22/78＝162万8,000円

・納付税額

　577万2,000円＋162万8,000円＝740万円

第3章

消費税転嫁対策

消費税転嫁対策特別措置法について知っておこう

消費税の円滑かつ適正な転嫁のために成立した時限立法

◉ どんな法律なのか

消費税の円滑かつ適正な転嫁の確保のための消費税の転嫁を阻害する行為の是正等に関する特別措置法（**消費税転嫁対策特別措置法**）は、平成26年4月からの消費税8％引上げと、令和元年10月からの10％への税率の引上げにあたり、消費税の円滑・適正な転嫁を確保するため、平成25年5月に成立しました。

通常、事業者は納税義務者として売上に対する消費税を負担します。これを前提に事業者は、あらかじめ販売価格に消費税相当額を織り込みますので、結果的には消費者が税を負担するわけです。これを**消費税の転嫁**といいます。また、事業者は、仕入れに対する消費税を控除した差引税額を納付することが原則です。

措置法は、段階的な消費税引上げに際し予見される事業者や消費者の懸念を解消するために、4つの「特別措置」や「国等の責務」を定めたものとなります。このような事情から、本法は平成25年10月1日から令和3年3月31日まで適用される時限立法となっています。

◉ どんな特別措置を設けているのか

消費税転嫁対策特別措置法により直接、事業者や消費者が影響を受ける4つの特別措置は以下のとおりです。

① **消費税の転嫁拒否等の行為の是正に関する特別措置**

適用期間は、大規模事業者に供給する商品やサービスに関して、供給事業者が大規模事業者から、消費税と関連させた「減額」

「買いたたき」「利益提供」等をされないように規制しています。

② 消費税の転嫁を阻害する表示の是正に関する特別措置

消費者に対して、消費税の負担をしていない、消費税が軽減されるような誤認を与えるような表示が規制されます。また、事業者が消費税分を値引きするといった広告や宣伝が禁止されます。

③ 価格の表示に関する特別措置

段階的な消費税の引上げに関して、表示価格が税込価格であると誤認されない措置を行っていれば、税抜価格表示をすることが可能になります。

④ 転嫁・表示方法の決定についての共同行為に関する特別措置

あらかじめ、公正取引委員会に届出をした事業者や事業者団体は、平成26年4月1日から令和3年3月31日までの間、商品やサービスの供給について、独占禁止法の例外として、「転嫁カルテル」「表示カルテル」が認められるようになります。

「転嫁カルテル」とは、消費税の転嫁の方法の決定に関する共同行為をいい、「表示カルテル」とは、消費税についての表示の方法の決定に関する共同行為のことをいいます。

■ 消費税転嫁対策特別措置法で定められた特別措置 ……………

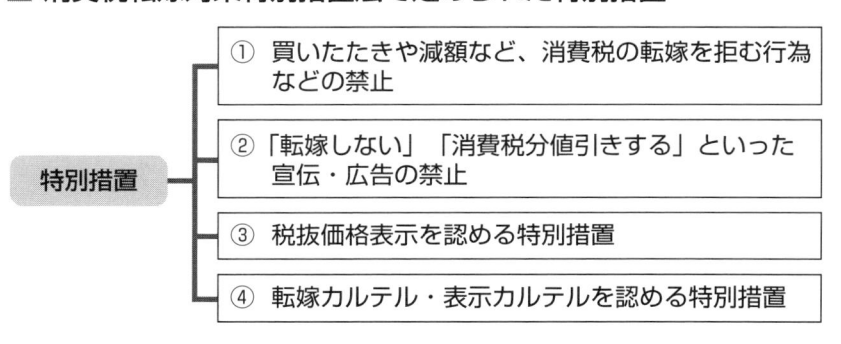

特別措置

① 買いたたきや減額など、消費税の転嫁を拒む行為などの禁止

② 「転嫁しない」「消費税分値引きする」といった宣伝・広告の禁止

③ 税抜価格表示を認める特別措置

④ 転嫁カルテル・表示カルテルを認める特別措置

2 消費税の転嫁拒否行為について知っておこう

消費税の転嫁ができずに供給事業者が自己負担することを防ぐ

● どんな事業者が対象になるのか

　消費税転嫁拒否等の行為が規制されるのは、「特定事業者」に該当する場合です。特定事業者とは、以下のいずれかに該当する事業者です。これに対して、特定事業者に継続して商品やサービスを供給する事業者を「特定供給事業者」といいます。大雑把にいえば、特定事業者とは大規模小売事業者等のことで、百貨店や大手量販店などの消費者を相手に大規模に展開する事業者、特定供給事業者は、大規模小売事業者へ商品を卸している個人商店や小規模の卸売業者などの事業者、というイメージです。特定事業者つまり転嫁拒否等をする側については、下記のとおりです。

① **大規模事業者**

　一般消費者が日常使用する商品の小売事業者で、前事業年度の売上高が100億以上の事業者または東京都特別区、政令指定都市において店舗面積3000㎡以上、その他の市町村の場合で店舗面積1500㎡以上の事業者

② **下記の事業者から継続して商品やサービスの供給を受ける法人の事業者**

・個人事業者
・人格のない社団等（例　PTA、協議会、同好会など）
・資本金3億円以下の事業者

● 減額、買いたたきについての注意点

　特定事業者は、本体価格に消費税分を上乗せした金額を対価と

することを契約していた場合、消費税引上げ分について減額要求することができません。これは一部であっても同様です。また、合理的理由がないにもかかわらず、消費税引上げ前の税込価格に対して、引き上げられた消費税を上乗せした金額よりも低い対価を定めることも「買いたたき」となるので注意が必要です。

なお、納期の遅れや不具合など、特定供給事業者側の落ち度により値引きする場合や、大量発注等でコスト削減の効果が価格に反映されている場合などは、これらの減額や買いたたきには該当しません。

◉ 不当な利益提供、購入強制等についての注意点

仮に特定事業者が消費税の転嫁を拒否しなかったとしても、それらに見合った経済上の利益を提供させようとする行為は禁止されています。

たとえば、本体価格の引下げに応じなかった供給事業者に対して、自社のチケット購入、宿泊施設利用を要請する行為などです。逆に供給事業者に販売していた商品があった場合に、それらの購入金額を増やすように要請することもできません。関連した協賛金の支出、従業員の派遣要請、諸費用の負担を求める行為なども禁止されていますので、注意が必要です。

■ 規制される転嫁拒否等の行為 ……………………………………

特定事業者（買手）　➡　特定供給事業者（売手）

取締りの対象に　➡

消費税の転嫁拒否行為
× 減額、買いたたき
× 不当な利益提供、商品の購入強制
× 税抜価格での交渉の拒否
× 報復行為（取引停止、数量減少など）

● 税抜価格での交渉の拒否についての注意点

　特定事業者は、供給事業者より税抜価格で交渉したいという申し出があった場合、それを拒否することはできません。

　たとえば、供給事業者が税抜価格と消費税額を明瞭に区分し、作成した見積書を提出してきたことに対して、税込価格での見積書で再提出させることはできません。強制的に税込価格でしか記載できない見積書の様式を定めることも同様です。

● 報復行為についての注意点と違反者に対する処分

　規制されている消費税転嫁拒否等の行為を行った特定事業者について、公正取引委員会等に知らせた供給事業者に対して、取引の停止、取引の数量を減らすこと、その他の不利益な取扱いをすることは禁止されています。規制される消費税転嫁拒否等の行為を行った特定事業者に対しては、公正取引委員会、事業を所管する大臣等、中小企業庁長官から違反行為の是正を求める指導が行われます。

　また、ケースによって中小企業庁長官から公正取引委員会に措置請求が行われますので、違反した特定事業者には、速やかに消費税の適正な転嫁に応じ、必要な措置をとるように勧告がなされ、その旨が公表されます。これにより、企業イメージや社会的信用が失われるおそれがあるので、注意が必要です。

　なお、公正取引委員会や中小企業庁長官は、特定事業者等に対して、報告を求めたり、立入検査を行うことで監視・取締りがなされます。

　これに対して、消費税の転嫁を拒否された供給事業者は、各地の公正取引委員会や商工会議所に知らせたり、相談することが可能です。

Q 消費税の転嫁を阻害する表示を是正するということになると、「消費税還元セール」といった広告宣伝が禁止されることになるのでしょうか。

A 消費税は、最終的に消費者が負担するものです。そこで、消費者が消費税を負担していない（消費税の転嫁がなされていない）、あるいは消費税の負担が軽減されていると誤認をしないように、事業者は配慮しなければなりません。また、事業者が自己の供給する商品やサービスに関して消費税部分を値引きするなどの宣伝や広告をすることが禁止されます。この規制は、前ページまでで説明した転嫁拒否行為に対する規制とは異なり、事業者すべてが該当するので注意が必要です。

●どんな表示が禁止されてどんな表示が許されるのか

　具体的に禁止される行為をもとに、どのような表示が可能かについて考えてみましょう。この規制で禁止されるのは以下のとおりです。

① 取引の相手方に消費税を転嫁していないことの表示

　たとえば、「当店では、消費税の転嫁をいたしません」「消費税の負担は当社がいたします」「消費税還元セール」といった表示が禁止されます。これは、消費者が事業者に対して支払いを行えば、支払額には消費税法が定める消費税額が必ず含まれており、また、消費者としてはこの消費税の全額を負担していることになるためです。

② 取引の相手方が負担するはずの消費税を減額することを、消費税に関係して表示すること

　たとえば、「消費税引上げ分○％分をレジにて値引きします」「消費税引上げ分還元セール」といった表示をすることができません。税込10,800円（税率8％）の商品が、税率10％になった場合でも税込11,000円とはせずに、消費税還元セールと称して税込10,800円に据え置いたとしても、消費者が10％分の消費税981円（税抜9,819円）を負

担することには変わりはないということになります。

③　消費税に関連して取引の相手方に経済的利益を与えるような
　表示

　物品や金銭、サービスなどについて経済上の利益を提供するような
表示のことです。

　たとえば「当店では消費税分、ポイント還元いたします」といった
表示が原則として禁止されます。

　つまり、宣伝や広告の表示について、全体的に見て消費税と関連し
ていない場合や、客観的に見て消費税を意味していると考えられない
場合は、本規制には該当しないといえます。

　たとえば「春の新生活応援セール」「歳末大売出し」といった表示
は消費税との関連が明らかではありません。また、「2％割引きセール」
「10％還元セール」など、例年同じように行っているセールの値引額が、
たまたま消費税や、引上げ分と一致するような場合も問題ありません。

■ 禁止される表示と禁止されない表示 ………………………………

…………… 禁止される表示 ……………
- ・当店では、消費税の転嫁をいたしません
- ・消費税の負担は当社がいたします
- ・消費税還元セール
- ・消費税引上げ分○％をレジにて値引きします
- ・消費税引上げ分還元セール
- ・消費税分ポイント還元いたします

…………… 禁止されない表示 ……………
- ・春の新生活応援セール
- ・歳末大売り出し
- ・例年行っている割引がたまたま税率等と一致する
　場合　（2％割引セール、10％還元セールなど）

3 価格の表示に関する特例措置とはどのようなものか

税抜表示価格を行うことができ、不当表示にもあたらない

● どのような特例なのか

消費税が引き上げられることで、消費者の混乱や、供給事業者の事務負担などの問題が生じる場合があります。そこで、消費税引上げに関する不都合や懸念事項を解消するため、価格の表示に関する特例が認められています。まず、14ページで説明した総額表示義務の緩和です。「税込価格」と誤認されない対策を行っていれば、平成25年10月1日から令和3年3月31日までの間、総額表示義務が緩和され、税抜表示を行うことが可能となります。

● 景品表示法の適用が除外される

これまで税込価格表示を行っていた販売価格を税抜価格表示とした場合、一見すると消費者にとって有利な販売価格になったように感じます。たとえば、消費税10％の税込価格64,900円で販売していた商品を税抜価格59,000円と表示すると、消費者に有利に感じますが、実際の販売価格は従来と変わっていません。

一方で、景品表示法4条では、販売条件について、実際の有利さよりも取引の相手方に著しく有利と消費者に感じさせる表示が禁止されています（不当な表示の禁止）。

価格に関する特例措置を採用し、税抜表示を行うと、景品表示法4条違反に該当する恐れが生じますが、税込価格と税抜価格を併記し、明瞭に表示すれば、販売価格について消費者に誤認を与えないと考えられるので、景品表示法4条違反にはならないとされています。

4 共同行為に関する特別措置について知っておこう

消費税の転嫁方法や表示方法について共同決定ができる

● どのような特例なのか

カルテルとは、事業者が競争を避けるために、他の事業者と共同で価格を決め、それを維持したり、引き上げたりする行為のことです。

カルテルは、不当な取引制限にあたるため、独占禁止法で規制されています。

今回の消費税率の引上げに伴い、独占禁止法によって禁止されている共同行為に該当する恐れがある「転嫁カルテル」や「表示カルテル」といった行為が例外的に認められます。これは平成26年4月1日から令和3年3月31日までの間、商品やサービスの供給について認められるもので、事業者や、事業団体より、あらかじめ公正取引委員会に届出をする必要があります。

● 転嫁カルテルの特例

転嫁カルテルとは、消費税の転嫁方法について、事業者間で取り決めることなどをいいます。それぞれの事業者が、自主的に定めた税抜価格に消費税額を上乗せとすることの決定や、消費税を上乗せした際に生じる端数を合理的な範囲で「切り上げ」「切り捨て」「四捨五入」することなどを決定する行為が該当します。特例期間中、これらの取り決めを行っても、独占禁止法違反とはなりません。

ただし、消費税引上げ後の税抜価格や税込価格を統一することを決定したり、消費税引上げ分とは異なる金額を転嫁するように

決定することなどは独占禁止法違反となります。

◉ 表示カルテルの特例

表示カルテルとは、消費税の表示方法について、事業者間で取り決めることなどをいいます。「税率引上げ後は、税込価格と消費税を並べて表示することとする」や「税込価格と税抜価格を併記することとする」といった統一的な消費税に関する表示方法について、決定する行為がこれにあたります。

◉ 特例措置についての注意点

特に重要な注意点は、転嫁カルテルを行うために必要な条件です。転嫁方法の決定に関するカルテルを複数の事業者間で行うためには、参加事業者の3分の2以上が中小事業者である必要があります。ここでいう中小事業者とは以下のとおりです。

・資本金3億円以下または従業員900人以下のゴム製品製造業
・資本金3億円以下または従業員300人以下の製造業・建設業・運輸業、ソフトウェア業、情報処理サービス業等
・資本金1億円以下または従業員100人以下の卸売業
・資本金5000万円以下または従業員200人以下の旅館業
・資本金5000万円以下または従業員100人以下のサービス業
・資本金5000万円以下または従業員50人以下の小売業

また、「○○協会」「○○工業会」「○○商店会」といった事業者団体でカルテルを行う場合は、構成事業者の3分の2以上が中小事業者である必要があります。また、事業者団体の連合会で行う場合は、傘下の事業者の3分の2以上が中小事業者である必要があります。

なお、表示カルテルについては、すべての事業者または事業者団体が行うことができます。

● 制裁の定めについて

　カルテルに参加した事業者間において、定めた内容の効力の確実性が問題となります。そこで、本特例ではカルテルの実現のために必要で合理的な範囲であれば、制裁を課すことを決定することも認められています。ただし、このような制裁の決定をしたことも合わせて事前に公正取引委員会に届出をしなければいけません。

　また、違反者に対する「事業者団体からの除名」「除名と同等の高額な制裁金の設定」などは、必要で合理的な範囲とはいえないので、認められません。

■ 認められる転嫁カルテル・表示カルテルの具体例 ……………

> **転嫁カルテル**（参加事業者の３分の２以上が中小事業者）
>
> 　**独占禁止法違反とはならないもの**
> 　　・転嫁方法の取り決め（税抜価格に消費税額を上乗せとする）
> 　　・端数の処理方法（切り上げ、切り捨て、四捨五入など）
> 　**独占禁止法違反となる場合**
> 　　・税率引上げ後の価格統一
> 　　・消費税引上げ分とは異なる価格の取り決め
>
> **表示カルテル**（すべての事業者、事業者団体に認められる）
>
> 　**➡消費税の表示方法を取り決める**
> 　　・税込価格と消費税を並べて表示
> 　　・税込価格と税抜価格を並べて表示　　など

第4章

消費税の申告・納税

1 申告納税制度とはどんな制度なのか

納税者自ら申告・納税する制度のことである

● 自分で計算し、申告・納税すること

　私たちが納める税金の額を決定する方法としては、大きく分けて「申告納税方式」と「賦課課税方式」の2つの方法があります。

　納税する人が、自分で税法に従って所得金額や税額を計算し、申告・納税することを**申告納税方式**といいます。確定申告の対象となるものは、すべて申告納税方式となります。

　個人が、自分自身でその年の所得金額や国等に納めなければならない税額を決定するということは、税法に照らし合わせて合法であるときはよいのですが、その申告を行わなかった場合や申告した税額の計算が間違っていた場合には、問題が生じてしまいます。このようなことを確認する意味もあり、申告内容が正しいかどうかを税務署が調査する「税務調査」や、税務署長が税額を決定する「更正決定」が行われます。

　この申告納税制度は戦後、経済の民主化の一環として採用されたものです。戦前は、物品税、酒税等の間接税が主軸で、所得税・法人税といった直接税は副次的な位置付けとなっていました。

　そして、あらかじめ税務署が納税者ごとの課税額を計算する賦課課税制度をとっていました。

　そこで終戦後、連合国軍最高司令官総司令部（GHQ）は、こうした制度は地域の有力者の介入を許し、税務行政を腐敗させると考え、1947年4月1日には所得税、法人税に、同年5月3日には相続税に申告納税制度を採用させました。こうして申告納税制度という新しい制度が導入され、納税制度が民主的なものに変わ

り、すでに70年以上が経過しました。

　申告納税方式は、賦課課税方式に比較して、自分で税額を計算する煩わしさが生じてしまいますが、税額を算出するにあたって、有利な方法を検討し、選択することができます。個人事業者の青色申告制度の記帳を促進させるための特典優遇措置等を利用することにより、自分の意思で節税することができます。そのためには、自分が納付する税金の制度への理解が必要になります。

　納税の義務は憲法30条に規定され、また、憲法84条に「租税法律主義」を定めています。つまり、税金を課税する際には、法律に基づかなければならないという考え方です。

◉ 賦課課税方式が採用されている

　納税する人が申告することはせず、国・地方公共団体等の税金を徴収する者が、納付すべき税額を確定することを**賦課課税方式**といいます。この方式は、国等が納付すべき税額として確定した金額を記載した「賦課決定通知書」を交付して、税金を納める人がこれに基づいて納付することになります。現在でも賦課課税制度は、固定資産税や自動車税等の地方税について原則とされています。

■ 税金の額の決定方法 ･･･

申告納税方式

自分で税法に従って所得金額や税額を計算し、申告・納税する方法

賦課課税方式

納税する人が申告することはせず、国・地方公共団体等の税金を徴収する者が納付すべき税額を確定する方法

2 消費税の申告・納付について知っておこう

直前の確定申告で中間申告の回数が決まる

● 消費税はどのように申告・納税するのか

　消費税の申告や納税方法については、確定申告と中間申告があります。以下、申告方法の具体的内容について見ていきましょう。

① 確定申告

　消費税の課税事業者になった場合は、税務署に消費税の確定申告書を提出し、申告期限までに消費税を納付しなければなりません。法人の申告期限は、課税期間終了後2か月以内です。個人の場合は原則として翌年の3月31日ですが、課税期間を短縮する特例を受けた場合には、申告期限は課税期間終了後2か月以内となる場合があります。

　申告する消費税額は、課税期間中に得意先からの売上などの収入といっしょに預かった消費税の合計から、課税期間中に仕入や経費といっしょに支払った消費税の合計を差し引いて計算します。これを**確定消費税額**といいます。

　期間中に預かった税金より支払った税金の方が多い場合には、申告により差額の税金の還付を受けます。

② 中間申告

　直前の課税期間に申告した消費税額が一定金額を超えた場合、その次の課税期間においては中間申告をしなければなりません。中間申告とは、現在の課税期間の確定消費税額を概算で見積もり、前もってその一部を申告・納付する事をいいます。

　中間申告を行う時期と回数について見ていきましょう。前課税期間の確定消費税額（地方消費税を除く）が48万円以下であれば、

中間申告は不要です。前課税期間の確定消費税額が48万円超400万円以下であれば年1回6か月後に、400万円超4800万円以下であれば年3回3か月ごとに、4800万円超であれば年11回毎月、中間申告を行います。申告期限はそれぞれ6か月、3か月、1か月の「中間申告対象期間」終了後2か月以内です。たとえば3月決算の会社で、年1回中間申告を行う場合、中間申告対象期間は4月～9月、申告期限は11月ということになります。中間申告義務のない事業者も、任意で中間申告を行うことができます。

　中間申告により納付した税額は、確定申告を行う際に「すでに納付した金額」として確定消費税額から差し引きます。確定消費税額の方が少ない結果となった場合には、中間申告により払い過ぎた消費税が還付されます。

　なお、前述したように、48万円以下であれば中間申告は不要ですが、令和元年10月に消費税率が10％に上がることにより今後は納税額が増えることが見込まれますので、中間申告を行い、前もって一部を納税することもできます。いずれにしても、納税資金の確保が重要です。

■ 消費税の確定申告・納付 ……………………………………

$$\begin{cases} 個人事業者 \quad \text{-------} \quad \boxed{翌年の3月末日} \\ 法\qquad 人 \quad \text{-------} \quad \boxed{課税期間の末日の翌日から2か月以内} \end{cases}$$

消費税の中間申告・納付

直前の確定消費税	中間申告の回数	中間納付税額
48万円以下	中間申告不要	——
48万円超400万円以下	年1回	直前の確定消費税額 $\times \frac{1}{2}$
400万円超4800万円以下	年3回	直前の確定消費税額 $\times \frac{1}{4}$
4800万円超	年11回	直前の確定消費税額 $\times \frac{1}{12}$

◉ 中間申告における納付税額の計算方法

中間申告における納付税額の計算方法については、①予定申告方式と②仮決算方式の2つの方法があります。これらの方法については、特に届出などの手続きを行わずに自由に選択することができます。

① 予定申告方式

中間申告の納付税額を、前年度の「確定消費税額」を月数按分して計算する方法です。

中間申告が年1回であれば「確定消費税額×1／2」、3回であれば「確定消費税額×1／4」、11回であれば「確定消費税額×1/12」が、それぞれ納付税額ということになります。

実際には、税務署から送付される申告用紙と納付書にあらかじめ金額が印字されているので、計算の必要はありません。

② 仮決算方式

中間申告対象期間ごとに決算処理を行い、中間申告の納付税額を計算する方法をいいます。中間申告が年1回であれば6か月、3回であれば3か月、11回であれば1か月の期間をそれぞれ1つの課税期間とみなして、確定申告と同様の手順で納付税額の計算を行います。この方法は申告の回数が増えるので事務負担がかかりますが、予定申告による納付税額の方が多く資金繰りが厳しい場合には、検討するメリットがあります。

ただし、仮決算方式を選択した場合、確定申告を行うまでは消費税の還付を受けることはできません。また、提出期限を過ぎてから提出をすることは認められません。

◉ いつから10%消費税の申告をするのか

令和元年10月1日以降は消費税率が10%になりますので、令和元年10月決算法人からは令和元年9月までの取引は8％、10月以

降の取引には10%を適用し、申告することになります。

　個人事業者は、令和元年分の申告に関して１月から９月までの取引については８％、10月以降の取引については10%の税率を適用し、申告することになります。

◉ 罰則について

　消費税の申告書の提出や納付の期限を過ぎてしまった、あるいは税額が過少であった場合、**附帯税**が課せられます。附帯税とは、消費税本体に加えて付加的に課せられるペナルティ的な性質の税をいいます。この附帯税に対し、納めるべき消費税そのもののことを**本税**といいます。附帯税には、①無申告加算税、②過少申告加算税、③延滞税、④重加算税などがあります。なお、以下は国税に関する説明となりますが、地方消費税についても、国税と同様の罰則規定があります。

　どうしても資金繰りが厳しく、期限内に一括納付ができない場合は、税務署と協議の上で分割納付にすることもできます。ただし、納期を延長すると、延滞税の負担があるということも考慮に入れる必要があります。

■ 適用される罰則 ……………………………………………

無申告加算税	申告を行わなかったことに対する附帯税
過少申告加算税	納付税額が実際よりも過少であった場合に課される附帯税
延滞税	申告期限より遅れた期間について支払う附帯税
重加算税	仮装、隠ぺいの事実があった場合など、悪質であると判断された場合に課税される附帯税

① 無申告加算税

申告を行わなかったことに対する附帯税です。後日自主的に申告、納付を行った場合には本税×5％に相当する金額が課せられます。一方、税務調査等で指摘を受けて申告、納付した場合には、50万円までの部分に対しては本税×15％、50万円を超える部分に対しては本税×20％に相当する金額が課せられます。税額を計算した結果、5,000円未満となる場合、無申告加算税は免除されます。

② 過少申告加算税

納付税額が実際に納付すべき額よりも少なかった場合に課されます。後日修正申告として自主的に申告、納付した場合と、附帯税額が5,000円未満となる場合には、課税されません。上記以外の場合には10％が課税されますが、期限内に申告した本税の額と50万円と比較し、どちらか多い方の金額を超えた部分については15％が課税されます。

③ 延滞税

申告期限より遅れた期間に対する利息のような性質の税金です。遅れた期間のうち、申告期限から2か月までについては本税×2.6％、2か月を超える期間については本税×8.9％が、日数に応じて課税されます。ただし合計で1,000円未満の場合は、免除されます。この税率は平成31年1月1日から令和元年12月31日までのものです。税率に変更があれば、随時国税庁ホームページで発表されます。

④ 重加算税

消費税の申告に関して、仮装、隠ぺいの事実があった場合など、悪質であると判断された場合に、過少申告加算税や無申告加算税の代わりに課税される附帯税です。

期限内申告の場合、過少申告加算税に代えて本税×35％、期限後申告の場合、無申告加算税に代えて本税×40％が課税されます。

3 申告書の作成の仕方

● 原則課税方式と簡易課税方式がある

消費税の計算は、45 ～ 60ページで説明したとおり、原則課税方式と簡易課税方式があります。それぞれ計算の方法が異なるため、国税庁で公表されている消費税申告書の様式（フォーマット）も原則課税方式と簡易課税方式とで分かれています。

また、消費税率 8 ％から10%への変更と軽減税率の導入により、令和元年10月 1 日以後に終了する課税期間から、新しい申告書の様式を使用して作成する必要があります。消費税の計算方法自体が従来から大きく変更になったわけではありませんが、税率の区分ごとの消費税計算が増加するなどにより様式が変更されています。

課税事業者は、申告書に記載されるべき各数値が網羅して集計ができるように、会計システム（会計帳簿）や消費税の計算システムから集計できる情報と、追加して集計や作成が必要な情報を、システムの機能の実情に応じて検討し、決算や税務申告に当たってあらかじめ準備をしておく必要があります。

● 申告書以外に付表が必要

申告書には、その課税期間に対して発生した消費税の額や、中間納付額を控除した後の納付すべき消費税額などが簡潔に要約された形で記載されます。しかし、税率ごとの消費税の集計結果や、課税売上割合や仕入控除税額の計算過程などを明確にしておく必要があるために、申告書の記載内容の内訳情報や補足情報としての「付表」も作成して申告書に添付する必要があります。ここで

は、付表も含めた原則課税方式と簡易課税方式の申告書の主な構成を説明します。

① **原則課税方式による申告書の構成**

原則課税方式による申告書の構成は次のとおりです。

・第一表、第二表（134 ～ 135ページ）

・付表1 - 1、付表1 - 2（136 ～ 137ページ）

・付表2 - 1、付表2 - 2（138 ～ 139ページ）

・**第一表、第二表**

申告書に該当します。

第一表は、納付すべき消費税の金額が要約されます。付表から基本的に転記されますが、付表には記載されずに第一表でしか記載されない項目として、中間納付税額、中間納付税額控除後の納付すべき消費税の合計額、基準期間の課税売上高などがあります。

第二表は、課税標準額とそれに対する消費税が税率区分ごとに記載されます。第一表とは異なり、第二表独自に記載される項目はなく、付表から転記して作成されます。

・**付表1 - 1、付表1 - 2**

税率区分ごとの課税標準額とこれに対応する消費税額、仕入に対する消費税額、中間納付額控除前の納付すべき消費税などが記載されます。

付表が2種類あるのは、1 - 1では令和元年10月から導入される軽減税率8％と標準税率10％の内容が記載され、1 - 2では旧税率8％の内容などが記載され、新旧の税率で付表を2つに分けているためです。つまり、旧税率の取引がなくなった場合には、今後は1 - 2の添付は不要になるということになります。

・**付表2 - 1、付表2 - 2**

税率区分ごとの課税売上割合と仕入控除税額の計算過程などが

記載されます。付表が2種類ある位置付けは上記付表1と同様です。

②　簡易課税方式による申告書の構成

簡易課税方式による申告書の構成は次のとおりです。

・第一表、第二表（173 ～ 174ページ）
・付表4－1、付表4－2（175 ～ 176ページ）
・付表5－1、付表5－2（177 ～ 180ページ）

・第一表、第二表

申告書に該当しますが、上記①の第一表及び第二表と記載内容は大きく異なりません。ただし、①とは異なり簡易課税特有の事業区分（第1種、第2種…）ごとの課税売上高などが記載されます。

・付表4－1、付表4－2

上記①の付表1－1及び付表1－2と記載内容は大きく異なりません。付表が2種類ある位置付けも①と同様です。

・付表5－1、付表5－2

税率区分ごとの仕入控除税額の計算過程などが記載されます。また、事業区分ごとの課税売上高や、みなし仕入率を掛けた仕入税額の計算過程などの簡易課税方式特有の内容も記載されます。

付表が2種類ある位置付けは①と同様です。

次ページ以降では、具体的な数値例に基づいて、申告書の作成方法を説明しますが、消費税率が複数生ずるため、以降では「旧税率分」「軽減税率分」「標準税率分」の3種類に分けています。

旧税率分　　：令和元年9月30日以前適用の8％（※）

軽減税率分：令和元年10月1日以降適用の8％

標準税率分：令和元年10月1日以降適用の10％

※経過措置としての旧税率8％（17 ～ 21ページ）も含む

消費税の申告書を作成する（原則課税方式　その１）

課税売上高5億円以下で課税売上割合が95％以上の場合

◉ 具体例で書式作成について考えてみる

　ここでは、原則課税方式を適用し、課税売上高が5億円以下で、かつ課税売上割合が95％以上の課税事業者が申告書を作成する場合について説明します。この場合には、仕入控除税額は全額控除の対象となります。また、課税売上割合が95％以上であるため、売手側に代わって納付する特定課税仕入れ（課税仕入れのうち、37〜38ページで説明した特定仕入れに該当するもの）に対する消費税は発生しません。

　数値例は、国税庁で公表されている「軽減税率制度に対応した申告書の作成手順1（一般用）」（書式1　134〜139ページ）に基づいています。

◉ 消費税計算の手順

手順1　課税標準額の計算

　課税標準額は、課税資産の譲渡等の対価の額である課税売上高（免税売上高を除く）に特定課税仕入れを加えた額になります。しかし、この数値例では特定課税仕入れに対する消費税が発生しないため、課税売上高＝課税標準額となります。申告書の課税売上高は税抜で記載します。また、税抜計算の方法は、税込価格の合計額を税率で割り返して一括的に計算します。

　なお、売上返品等を売上高から直接減額する経理処理を行っている場合は、減額後の金額に基づいて課税売上高を計算します。

　また、課税売上高は、会計上のデータとの対応の観点で見てい

く場合には、税抜処理の損益計算書の売上高・営業外収益・特別利益のうち、輸出売上や売上返品等を除いた課税取引と、固定資産などの売却収入（税抜）の合計値ということになります。しかし、損益計算書などは、請求書や個々の取引単位で消費税の端数処理を行ってから集計されるため、上記のように一括的に計算した課税売上高とは端数分一致しません。ただし、このような会計上のデータとの整合性を確認しながら申告書を作成すると、消費税の重大な集計漏れなどの防止に役立ちます。

　数値例による課税標準額は、次のとおりになります。

■ 原則課税　その1の数値例 ···

（課税売上高が5億円以下で、かつ課税売上割合が95％以上の場合）

	税率6.3%適用分（旧税率）	税率6.24%適用分（軽減税率）	税率7.8%適用分（標準税率）	合計
課税売上高（税込）	302,500,000	67,960,000	45,100,000	415,560,000
免税売上高				11,000,000
非課税売上高				7,000,000
売上返品等（税込）	10,684,000	1,507,040	1,578,500	13,769,540
課税仕入れ（税込）	201,680,000	40,076,000	31,570,000	273,326,000
仕入返品等（税込）	0	7,850,000	5,900,000	13,750,000
貸倒処理額（税込）	1,430,000	0	0	1,430,000

中間納付消費税額：6,300,000　　中間納付地方消費税額：1,700,000
基準期間の課税売上高（税抜）：350,000,000

旧税率分　　：302,500,000×100/108 ＝ 280,092,592　（280,092,000）
軽減税率分：　67,960,000×100/108 ＝ 　62,925,925　　（62,925,000）
標準税率分：　45,100,000×100/110 ＝ 　41,000,000　　（41,000,000）

合計　　　　　　　　　　　　　　　　384,018,517　（384,017,000）
　　　※（　　　　）は千円未満切捨て後

　旧税率分の課税標準額280,092,592は付表１－２①－１のＣ列に、その小計額として同額をＸ列及び付表１－１①－１のＸ列に記入します。
　軽減税率分の課税標準額62,925,925は付表１－１①－１のＤ列に、標準税率分の課税標準額41,000,000は付表１－１①－１のＥ列に、また旧税率分の課税標準額も加えた合計額384,018,517はＦ列に記入します。
　課税標準額は最終的に千円未満を切り捨てるため、切捨て後の金額を付表１－２①のＣ列・Ｘ列に、付表１－１①のＸ列・Ｄ列・Ｅ列・Ｆ列に記入します。

手順2　売上に対する消費税額の計算

　手順1 で計算した課税標準額に、税率区分ごとの消費税率（国税分）を掛けて消費税額を計算します。ここでの消費税額は国税部分のみであり、地方消費税部分は 手順7 で計算します。

旧税率分　　：280,092,000× 　6.3% ＝ 17,645,796
軽減税率分：　62,925,000×6.24% ＝ 　3,926,520
標準税率分：　41,000,000× 　7.8% ＝ 　3,198,000

合計　　　　　　　　　　　　　　　 24,770,316

　上記の消費税額は、付表１－２②のＣ列・Ｘ列及び付表１－１②のＸ列・Ｄ列・Ｅ列・Ｆ列に記入します。

手順3　課税売上割合の計算

課税売上割合は次の算式となります。

課税売上割合＝課税売上高（免税売上高含む）÷（課税売上高（免税売上高含む）＋非課税売上高）

・課税売上高の計算

課税売上高は税抜で計算し、売上返品等は控除し、また免税売上高を含めます。

（売上返品等）

旧税率分 　　：	$10,684,000 \times 100/108 =$	$9,892,592$
軽減税率分：	$1,507,040 \times 100/108 =$	$1,395,407$
標準税率分：	$1,578,500 \times 100/110 =$	$1,435,000$
合計		$12,722,999$

（課税売上高）

手順1 で計算した課税資産の譲渡等の対価の額及び上記の売上返品等により、課税売上高は次のとおりになります。

旧税率分 　　：	$280,092,592 - 9,892,592 =$	$270,200,000$
軽減税率分：	$62,925,925 - 1,395,407 =$	$61,530,518$
標準税率分：	$41,000,000 - 1,435,000 =$	$39,565,000$
合計1		$371,295,518$
免税売上高：		$11,000,000$
合計2		$382,295,518$

上記数値について、旧税率分の課税売上高270,200,000は付表2－2①のＣ列に、その小計額として同額をＸ列及び付表2－1①

のX列に記入します。軽減税率分の課税売上高61,530,518は付表2－1①のD列に、標準税率分の課税売上高39,565,000は付表2－1①のE列に、また旧税率分も加えた合計371,295,518をF列に記入します。

　免税売上高11,000,000は付表2－1②のF列に、①との合計額である382,295,518は付表2－2④のX列及び付表2－1④・⑤のF列に記入します。

・課税売上割合の計算

　課税売上高382,295,518÷（課税売上高382,295,518＋非課税売上高7,000,000）＝382,295,518÷389,295,518＝98%（端数切捨て）≧95%

　非課税売上高7,000,000は付表2－1⑥のF列に、資産の譲渡等の対価の額（課税売上高＋非課税売上高）389,295,518、及び課税売上割合98%は付表2－2⑦⑧のF列及び付表2－1⑦⑧のF列に記入します。

手順4　控除対象仕入税額の計算

　仕入先に対して支払った消費税を計算します。

・税込合計額の記入

　課税仕入れの税込合計額を記入します。

　旧税率分の仕入201,680,000は付表2－2⑨のC列及びその小計額として同額をX列、付表2－1⑨のX列に記入します。

　軽減税率分の仕入32,226,000（＝課税仕入40,076,000－仕入返品等7,850,000）は付表2－1⑨のD列に、標準税率分の仕入25,670,000（＝課税仕入31,570,000－仕入返品等5,900,000）は付表2－1⑨のE列に、また旧税率分も加えた合計額259,576,000はF列に記入します。

・仕入に対する消費税額の記入

仕入返品等があるため、仕入金額と仕入返品等をそれぞれ税抜計算してから、その後に差し引いて計算します。

（仕入金額）

旧税率分	：201,680,000× 6.3/108 ＝11,764,666
軽減税率分：	40,076,000×6.24/108 ＝ 2,315,502
標準税率分：	31,570,000× 7.8/110 ＝ 2,238,600
合計	16,318,768

（仕入返品等）

旧税率分 ：	なし
軽減税率分：	7,850,000×6.24/108 ＝ 453,555
標準税率分：	5,900,000× 7.8/110 ＝ 418,364
合計	871,919

（差引）

旧税率分 ：	11,764,666 － 0 ＝11,764,666
軽減税率分：	2,315,502 － 453,555 ＝ 1,861,947
標準税率分：	2,238,600 － 418,364 ＝ 1,820,236
合計	15,446,849

旧税率分の消費税11,764,666は付表2－2⑩のC列に、その小計額として同額をX列及び付表2－1⑩のX列に記入します。

軽減税率分の消費税1,861,947は付表2－1⑩のD列に、標準税率分の消費税1,820,236は付表2－1⑩のE列に、また旧税率分も加えた合計額15,446,849をF列に記入します。

特定課税仕入れなどがなく、仕入控除税額が全額控除となるため、⑮⑯㉓も⑩と同額を記入し、さらに付表1－1及び付表1－2の④にも同額を記入します。

なお、課税仕入れの場合は、申告書に税抜の課税仕入れ額が記入されませんが、課税売上高と同様に、会計上のデータとの対応の観点で確認をすることができます。つまり、棚卸資産の当期購入額（当期商品仕入高）・販売費及び一般管理費・営業外費用・特別損失のうちの課税取引（輸入含む）と、固定資産などの当期購入額（税抜）の合計値が税抜の課税仕入れと一致するということになります。ただし、消費税の端数分の差が生じるのも課税売上高の場合と同様です。

手順5　その他の控除税額の計算

　売上返品等、及び貸倒れがありますので、それぞれの控除税額を計算します。

（売上返品等）

旧税率分	：10,684,000	×	6.3/108	= 623,233
軽減税率分：	1,507,040	×	6.24/108	= 87,073
標準税率分：	1,578,500	×	7.8/110	= 111,929
合計				822,235

　上記数値を付表1－2⑤－1のC列・X列及び付表1－1⑤－1のX列・D列・E列・F列に記入します。なお、合計値としての⑤の金額も特定課税仕入れの返還等がないため、⑤－1と同額を記入します。

（貸倒れ）

　　旧税率分　　：1,430,000×6.3/108＝83,416

　上記数値を付表1－2⑥のC列・X列及び付表1－1⑥のX列・F列に記入します。

手順6 申告書に控除税額及び差引税額を記入する

a）控除税額の記入

手順4 及び **手順5** により、すべての控除税額が算定されたため、付表1－1（X列・D列・E列・F列）及び付表1－2（C列・X列）の④～⑥の各合計額を⑦に記入します。

（控除税額）

旧税率分 ： 11,764,666 ＋ 623,233 ＋ 83,416 ＝ 12,471,315

軽減税率分： 1,861,947 ＋ 87,073　　　　 ＝ 1,949,020

標準税率分： 1,820,236 ＋ 111,929　　　　 ＝ 1,932,165

合計　　　　　　　　　　　　　　16,352,500

b）差引税額の記入

手順2 で記入された付表1－1及び付表1－2の②から、上記⑦を控除した差引税額を⑨に記入します。

（差引税額）

旧税率分 ： 17,645,796 － 12,471,315 ＝ 5,174,481

軽減税率分： 3,926,520 － 1,949,020 ＝ 1,977,500

標準税率分： 3,198,000 － 1,932,165 ＝ 1,265,835

合計　　　　　　　　　　　　　8,417,816

また、差引税額⑨から還付税額⑧を控除した額を「合計差引税額」として付表1－1⑩のF列に記入します。ただし、この数値例は還付がないため、⑨のF列と同額を記入します。

手順7 地方消費税の計算

付表1－1及び1－2⑨の金額と同額を⑫に転記します。ただし、軽減税率分（D列）と標準税率分（E列）については、その2つの合計額3,243,335（＝1,977,500＋1,265,835）を⑫のE列に記入します。

また、⑫から⑪を控除した額を地方消費税の課税標準となる消費税として⑬に記入します。ただし、この数値例では⑪はないため、⑬は⑫と同額となります。

　⑬に基づいて、地方消費税を計算します。

旧税率分　　　　　　　　：$5,174,481 \times 17/63 = 1,396,288$
軽減税率分＋標準税率分：$3,243,335 \times 22/78 = \quad 914,786$

合計　　　　　　　　　　　　　　　　　　 2,311,074

　旧税率分の地方消費税1,396,288は付表1－2⑮のC列に、その小計額として同額をX列及び付表1－1⑮のX列に記入します。

　軽減税率分と標準税率分を合計した地方消費税914,786は付表1－1⑮のE列に記入します。また旧税率分も加えた合計額2,311,074をF列に記入します。

　最後に、付表1－1⑮F列から⑭F列を控除した額を「合計差引譲渡割額」として⑯に記入します。ただし、この数値例は還付がないため、⑮のF列と同額を記入します。

手順8　第二表への転記

　次の各数値を、付表1－1及び1－2から第二表へ転記します。

	転記元	転記先 (第二表)
課税標準額	付表1－1のF列①	①
税率ごとの課税資産の譲渡等の対価の額の合計額	付表1－2のC列①－1、付表1－1のD列・E列・F列①－1	④⑤⑥⑦
税率ごとの消費税額	付表1－2のC列②、付表1－1のD列・E列・F列②	⑪⑭⑮⑯
売上返品等	付表1－1のF列⑤及び⑤－1	⑰⑱
税率ごとの地方消費税の課税標準となる消費税額	付表1－2のC列⑬、付表1－1のE列・F列⑬	⑳㉒㉓

手順9　第一表の作成（納付税額の計算）

第一表の①課税標準額、②消費税額、④控除対象仕入税額、⑤返還等対価に係る税額（売上返品等）、⑥貸倒れに係る税額（貸倒れ）、⑦控除税額小計（控除税額）は、付表1-1のF列の①②④⑤⑥⑦から転記します。

⑨差引税額は、付表1-1のF列の⑩から転記します。なお、100円未満は切捨て（8,417,800）になります。⑩中間納付税額6,300,000を記入して、⑨8,417,800から控除した2,117,800を⑪納付税額に記入します。

⑮課税資産の譲渡等の対価の額（課税売上高）及び⑯資産の譲渡等の対価の額（課税売上高＋非課税売上高）は、付表2-1の合計値であるF列の④及び⑦から転記します。

⑱地方消費税の課税標準となる消費税額（差引税額）は、付表1-1F列の⑬から転記します。なお、100円未満は切捨て（8,417,800）になります。

⑳譲渡割額（地方消費税の納税額）は、付表1-1F列の⑯から転記します。なお、100円未満は切捨て（2,311,000）になります。

㉑中間納付譲渡割額1,700,000を記入し、⑳2,311,000から控除した611,000を㉒納付譲渡割額に記入します。

最後に、⑪に㉒を加えた未払いの消費税及び地方消費税合計税額2,728,800を㉖に記入します。また、「参考事項」の基準期間の課税売上高350,000千円を記入します。

第3-(1)号様式

令和 2 年 2 月 24 日		
(収受印)	×× 税務署長殿	

納　税　地　東京都××区○○1-2-3
（電話番号　03 - ××××-××××）

（フリガナ）　×　×　カブシキガイシャ
名　称
又は屋号　××株式会社

個人番号
又は法人番号　○○○○○○○○○○○○○

（フリガナ）　×　×　タロウ
代表者氏名
又は氏名　××　太郎　(法人代表印)

※税務署処理欄

一　連　番　号		翌年以降送付不要

申告年月日	令和　年　月　日
申告区分	指導等　庁指定　局指定
通信日付印　確認印	個人番号カード　身元確認 通知カード・運転免許証 その他（　　）
年　月　日	
指　導　年　月　日	相談　区分1　区分2　区分3
令知	

第一表

令和元年十月一日以後終了課税期間分　一般用

自 平成・令和　31 年　1 月　1 日
至 令和　1 年 12 月 31 日

課税期間分の消費税及び地方消費税の（　確定　）申告書

中間申告　自 平成・令和　　年　　月　　日
の場合の
対象期間　至 令和　　　年　　月　　日

この申告書による消費税の税額の計算

課 税 標 準 額	①	3 8 4 0 1 7 0 0 0
消 費 税 額	②	2 4 7 7 0 3 1 6
控除過大調整税額	③	
控除　控除対象仕入税額	④	1 5 4 4 6 8 4 9
返還等対価に係る税額	⑤	8 2 2 2 3 5
税　貸倒れに係る税額	⑥	8 3 4 1 6
額　控除税額小計（④＋⑤＋⑥）	⑦	1 6 3 5 2 5 0 0
控除不足還付税額（⑦－②－③）	⑧	
差 引 税 額（②＋③－⑦）	⑨	8 4 1 7 8 0 0
中 間 納 付 税 額	⑩	6 3 0 0 0 0 0
納 付 税 額（⑨－⑩）	⑪	2 1 1 7 8 0 0
中間納付還付税額（⑩－⑨）	⑫	0 0
この申告書が修正申告である場合　既確定税額	⑬	
差引納付税額	⑭	0 0
課税売上割合　課税資産の譲渡等の対価の額	⑮	3 8 2 2 9 5 5 1 8
資産の譲渡等の対価の額	⑯	3 8 9 2 9 5 5 1 8

この申告書による地方消費税の税額の計算

地方消費税の課税標準となる消費税額　控除不足還付税額	⑰	
差 引 税 額	⑱	8 4 1 7 8 0 0
譲渡割額　還 付 額	⑲	
納 税 額	⑳	2 3 1 1 0 0 0
中 間 納 付 譲 渡 割 額	㉑	1 7 0 0 0 0 0
納付譲渡割額（⑳－㉑）	㉒	6 1 1 0 0 0
中間納付還付譲渡割額（㉑－⑳）	㉓	0 0
この申告書が修正申告である場合　既確定譲渡割額	㉔	
差引納付譲渡割額	㉕	0 0
消費税及び地方消費税の合計（納付又は還付）税額	㉖	2 7 2 8 8 0 0

⑮の[⑮＋⑯]－[⑨＋⑫＋⑱＋㉓]、修正申告の欄の場合は＝＝＝＝＝
還付税額となる場合はマイナス「－」を付してください。

付記事項・参考事項

割 賦 基 準 の 適 用	有	○無
延 払 基 準 等 の 適 用	有	○無
工 事 進 行 基 準 の 適 用	有	○無
現 金 主 義 会 計 の 適 用	有	○無
課税標準額に対する消費税額の計算の特例の適用	有	○無

控除税額の計算の基礎	課税売上高5億円超又は課税売上割合95％未満	個別対応方式
		一括比例配分方式
上 記 以 外 ○	全 額 控 除

基準期間の課税売上高　350,000 千円

還付を受けようとする金融機関等
銀　行　　本店・支店
金庫・組合　出 張 所
農協・漁協　本所・支所
預金　口座番号
ゆうちょ銀行の貯金記号番号　－
郵便局名等
※税務署整理欄

税理士署名押印　(印)
（電話番号　　－　　－　　）

税理士法第30条の書面提出有
税理士法第33条の2の書面提出有

第3-(2)号様式

課税標準額等の内訳書

整理番号 ☐☐☐☐☐☐☐☐

納 税 地	東京都××区○○1-2-3
	（電話番号 03-××××-××××）
（フリガナ） 名 称 又 は 屋 号	×× カブシキガイシャ **××株式会社**
（フリガナ） 代表者氏名 又 は 氏 名	×× タロウ **×× 太郎**

<table>
<tr><th colspan="3">改 正 法 附 則 に よ る 税 額 の 特 例 計 算</th><th></th></tr>
<tr><td>軽 減 売 上 割 合 （ 1 0 営 業 日 ）</td><td>☐</td><td>附則38①</td><td>51</td></tr>
<tr><td>小 売 等 軽 減 仕 入 割 合</td><td>☐</td><td>附則38②</td><td>52</td></tr>
<tr><td>小 売 等 軽 減 売 上 割 合</td><td>☐</td><td>附則39①</td><td>53</td></tr>
</table>

第二表 令和元年十月一日以後終了課税期間分

自 平成 令和 ③１年☐☐月☐☐日 至 令和 ☐１年１２月３１日	課税期間分の消費税及び地方消費税の（ 確定 ）申告書	中間申告の場合の対象期間	自 平成 令和 ☐☐年☐☐月☐☐日 至 令和 ☐☐年☐☐月☐☐日

課　　税　　標　　準　　額 ※申告書（第一表）の①欄へ	①	3 8 4 0 1 7 0 0 0	01

課税資産の 譲 渡 等 の 対 価 の 額 の 合 計 額	3 ％ 適 用 分	②		02
	4 ％ 適 用 分	③		03
	6.3 ％ 適 用 分	④	2 8 0 0 9 2 5 9 2	04
	6.24 ％ 適 用 分	⑤	6 2 9 2 5 9 2 5	05
	7.8 ％ 適 用 分	⑥	4 1 0 0 0 0 0 0 0	06
		⑦	3 8 4 0 1 8 5 1 7	07
特定課税仕入れ に係る支払対価 の額の合計額 (注1)	6.3 ％ 適 用 分	⑧		11
	7.8 ％ 適 用 分	⑨		12
		⑩		13

消　　費　　税　　額 ※申告書（第一表）の②欄へ	⑪	2 4 7 7 0 3 1 6	21
⑪ の 内 訳	3 ％ 適 用 分	⑫		22
	4 ％ 適 用 分	⑬		23
	6.3 ％ 適 用 分	⑭	1 7 6 4 5 7 9 6	24
	6.24 ％ 適 用 分	⑮	3 9 2 6 5 2 0	25
	7.8 ％ 適 用 分	⑯	3 1 9 8 0 0 0	26

返　還　等　対　価　に　係　る　税　額 ※申告書（第一表）の⑤欄へ	⑰	8 2 2 2 3 5	31
⑰の内訳	売 上 げ の 返 還 等 対 価 に 係 る 税 額	⑱	8 2 2 2 3 5	32
	特定課税仕入れの返還等対価に係る税額（注１）	⑲		33

地方消費税の 課税標準となる 消 費 税 額 (注2)		⑳	8 4 1 7 8 1 6	41
	4 ％ 適 用 分	㉑		42
	6.3 ％ 適 用 分	㉒	5 1 7 4 4 8 1	43
	6.24％及び7.8% 適 用 分	㉓	3 2 4 3 3 3 5	44

（注1）⑧～⑩及び⑲欄は、一般課税により申告する場合で、課税売上割合が95％未満、かつ、特定課税仕入れがある事業者のみ記載します。
（注2）⑳・㉒欄が還付税額となる場合はマイナス「-」を付してください。

第4-(1)号様式

付表1－1　税率別消費税額計算表兼地方消費税の課税標準となる消費税額計算表　　　[一　般]

課　税　期　間	平成31・1・1 ～ 令和元・12・31	氏 名 又 は 名 称	× × 株式会社

区　　　　　分	旧 税 率 分 小 計　X	税率6.24％適用分　D	税率7.8％適用分　E	合　　　計　F（X＋D＋E）
課 税 標 準 額 ①	（付表1-2の①X欄の金額）円　280,092 000	円　62,925 000	円　41,000 000	※第二表の①欄へ　円　384,017 000
①の内訳　課税資産の譲渡等の対価の額 ①-1	（付表1-2の①-1X欄の金額）　280,092,592	※第二表の⑤欄へ　62,925,925	※第二表の⑥欄へ　41,000,000	※第二表の⑦欄へ　384,018,517
特定課税仕入れに係る支払対価の額 ①-2	（付表1-2の①-2X欄の金額）	※①-2欄は、課税売上割合が95％未満、かつ、特定課税仕入れがある事業者のみ記載する。	※第二表の⑨欄へ	※第二表の⑩欄へ
消　　費　　税　　額 ②	（付表1-2の②X欄の金額）　17,645,796	※第二表の⑮欄へ　3,926,520	※第二表の⑯欄へ　3,198,000	※第二表の⑪欄へ　24,770,316
控 除 過 大 調 整 税 額 ③	（付表1-2の③X欄の金額）	（付表2-1の㉔・㉕D欄の合計金額）	（付表2-1の㉔・㉕E欄の合計金額）	※第一表の③欄へ
控除　控 除 対 象 仕 入 税 額 ④	（付表1-2の④X欄の金額）　11,764,666	（付表2-1の㉓D欄の金額）　1,861,947	（付表2-1の㉓E欄の金額）　1,820,236	※第一表の④欄へ　15,446,849
返 還 等 対 価 に 係 る 税 額 ⑤	（付表1-2の⑤X欄の金額）　623,233	87,073	111,929	※第二表の⑰欄へ　822,235
税　　⑤の内訳　売上げの返還等の対価に係る税額 ⑤-1	（付表1-2の⑤-1X欄の金額）　623,233	87,073	111,929	※第二表の⑱欄へ　822,235
特定課税仕入れの返還等対価に係る税額 ⑤-2	（付表1-2の⑤-2X欄の金額）	※⑤-2欄は、課税売上割合が95％未満、かつ、特定課税仕入れがある事業者のみ記載する。		※第二表の⑲欄へ
額　　貸 倒 れ に 係 る 税 額 ⑥	（付表1-2の⑥X欄の金額）　83,416			※第一表の⑥欄へ　83,416
控 除 税 額 小 計（④＋⑤＋⑥） ⑦	（付表1-2の⑦X欄の金額）　12,471,315	1,949,020	1,932,165	※第一表の⑦欄へ　16,352,500
控 除 不 足 還 付 税 額（⑦－②－③） ⑧	（付表1-2の⑧X欄の金額）	※⑪E欄へ	※⑪E欄へ	
差　引　税　額（②＋③－⑦） ⑨	（付表1-2の⑨X欄の金額）　5,174,481	※⑫E欄へ　1,977,500	※⑫E欄へ　1,265,835	8,417,816
合 計 差 引 税 額（⑨－⑧） ⑩				※マイナスの場合は第一表の⑧欄へ　※プラスの場合は第一表の⑨欄へ　8,417,816
地方消費税の課税標準となる消費税額　控除不足還付税額 ⑪	（付表1-2の⑪X欄の金額）		（⑧D欄と⑧E欄の合計金額）	
差　引　税　額 ⑫	（付表1-2の⑫X欄の金額）　5,174,481		（⑨D欄と⑨E欄の合計金額）　3,243,335	8,417,816
合計差引地方消費税の課税標準となる消費税額（⑫－⑪） ⑬	（付表1-2の⑬X欄の金額）　5,174,481	※第二表の㉓欄へ	3,243,335	※マイナスの場合は第一表の⑱欄へ　※プラスの場合は第一表の⑲欄へ　※第二表の㉙欄へ　8,417,816
譲渡割額　還　付　額 ⑭	（付表1-2の⑭X欄の金額）		（⑪E欄×22/78）	
納　税　額 ⑮	（付表1-2の⑮X欄の金額）　1,396,288		（⑫E欄×22/78）　914,786	2,311,074
合 計 差 引 譲 渡 割 額（⑮－⑭） ⑯				※マイナスの場合は第一表の㉑欄へ　※プラスの場合は第一表の⑳欄へ　2,311,074

注意　1　金額の計算においては、1円未満の端数を切り捨てる。
　　　2　旧税率が適用された取引がある場合は、付表1-2を作成してから当該付表を作成する。

（R1.10.1以後終了課税期間用）

136

付表1-2 税率別消費税額計算表 兼 地方消費税の課税標準となる消費税額計算表
〔経過措置対象課税資産の譲渡等を含む課税期間用〕

一 般

課 税 期 間	平成31・1・1～令和元・12・31	氏 名 又 は 名 称	××株式会社

区 分		税率3%適用分 A	税率4%適用分 B	税率6.3%適用分 C	旧税率分小計 X (A+B+C)
課 税 標 準 額	①	000 円	000 円	280,092 000 円	※付表1-1の①X欄へ 280,092 000 円
①の内訳 課税資産の譲渡等の対価の額	①-1	※第二表の②欄へ	※第二表の③欄へ	※第二表の④欄へ 280,092,592	※付表1-1の①-1X欄へ 280,092,592
特定課税仕入れに係る支払対価の額	①-2	※①-2欄は、課税売上割合が95%未満、かつ、特定課税仕入れがある事業者のみ記載する。		※第二表の⑧欄へ	※付表1-1の①-2X欄へ
消 費 税 額	②	※第二表の⑫欄へ	※第二表の⑬欄へ	※第二表の⑭欄へ 17,645,796	※付表1-1の②X欄へ 17,645,796
控 除 過 大 調 整 税 額	③	(付表2-2の㉔・㉕A欄の合計金額)	(付表2-2の㉔・㉕B欄の合計金額)	(付表2-2の㉔・㉕C欄の合計金額)	※付表1-1の③X欄へ
控除税額 控除対象仕入税額	④	(付表2-2の㉓A欄の金額)	(付表2-2の㉓B欄の金額)	(付表2-2の㉓C欄の金額) 11,764,666	※付表1-1の④X欄へ 11,764,666
返還等対価に係る税額	⑤			623,233	※付表1-1の⑤X欄へ 623,233
⑤の内訳 売上げの返還等の対価に係る税額	⑤-1			623,233	※付表1-1の⑤-1X欄へ 623,233
特定課税仕入れの返還等対価に係る税額	⑤-2	※⑤-2欄は、課税売上割合が95%未満、かつ、特定課税仕入れがある事業者のみ記載する。			※付表1-1の⑤-2X欄へ
貸倒れに係る税額	⑥			83,416	※付表1-1の⑥X欄へ 83,416
控除税額小計 (④+⑤+⑥)	⑦			12,471,315	※付表1-1の⑦X欄へ 12,471,315
控除不足還付税額 (⑦-②-③)	⑧		※⑪B欄へ	※⑪C欄へ	※付表1-1の⑧X欄へ
差 引 税 額 (②+③-⑦)	⑨		※⑫B欄へ	※⑫C欄へ 5,174,481	※付表1-1の⑨X欄へ 5,174,481
合 計 差 引 税 額 (⑨-⑧)	⑩				
地方消費税の課税標準となる消費税額 控除不足還付税額	⑪		(⑧B欄の金額)	(⑧C欄の金額)	※付表1-1の⑪X欄へ
差 引 税 額	⑫		(⑨B欄の金額)	(⑨C欄の金額) 5,174,481	※付表1-1の⑫X欄へ 5,174,481
合計差引地方消費税の課税標準となる消費税額 (⑫-⑪)	⑬		※第二表の㉑欄へ	※第二表の㉒欄へ 5,174,481	※付表1-1の⑬X欄へ 5,174,481
譲渡割額 還 付 額	⑭		(⑪B欄×25/100)	(⑪C欄×17/63)	※付表1-1の⑭X欄へ
納 税 額	⑮		(⑫B欄×25/100)	(⑫C欄×17/63) 1,396,288	※付表1-1の⑮X欄へ 1,396,288
合 計 差 引 譲 渡 割 額 (⑮-⑭)	⑯				

注意 1 金額の計算においては、1円未満の端数を切り捨てる。
2 旧税率が適用された取引がある場合は、当該付表を作成してから付表1-1を作成する。

(R1.10.1以後終了課税期間用)

付表2−1　課税売上割合・控除対象仕入税額等の計算表　　　　　　［ 一 般 ］

課　税　期　間	平成31・1・1 〜 令和元・12・31	氏名又は名称	××株式会社

項　　目		旧税率分小計 X	税率6.24%適用分 D	税率7.8%適用分 E	合　計 F (X+D+E)
課 税 売 上 額 （ 税 抜 き ）	①	（付表2-2の①X欄の金額）円 270,200,000	円 61,530,518	円 39,565,000	円 371,295,518
免 税 売 上 額	②				11,000,000
非 課 税 資 産 の 輸 出 等 の 金 額、海外支店等へ移送した資産の価額	③				
課税資産の譲渡等の対価の額（①＋②＋③）	④				※第一表の⑮欄へ ※付表2-2の④X欄へ 382,295,518
課税資産の譲渡等の対価の額（④の金額）	⑤				382,295,518
非 課 税 売 上 額	⑥				7,000,000
資 産 の 譲 渡 等 の 対 価 の 額 （⑤＋⑥）	⑦				※第一表の⑯欄へ ※付表2-2の⑦X欄へ 389,295,518
課 税 売 上 割 合 （ ④ ／ ⑦ ）	⑧				※付表2-2の⑧X欄へ ［ 98% ］ ※端数 切捨て
課税仕入れに係る支払対価の額（税込み）	⑨	（付表2-2の⑨X欄の金額） 201,680,000	32,226,000	25,670,000	259,576,000
課 税 仕 入 れ に 係 る 消 費 税 額	⑩	（付表2-2の⑩X欄の金額） 11,764,666	（⑨D欄×6.24/108） 1,861,947	（⑨E欄×7.8/110） 1,820,236	15,446,849
特定課税仕入れに係る支払対価の額	⑪	（付表2-2の⑪X欄の金額）		⑪及び⑫欄は、課税売上割合が95%未満、かつ、特定課税仕入れがある事業者のみ記載する。	
特 定 課 税 仕 入 れ に 係 る 消 費 税 額	⑫	（付表2-2の⑫X欄の金額）		（⑪E欄×7.8/100）	
課 税 貨 物 に 係 る 消 費 税 額	⑬	（付表2-2の⑬X欄の金額）			
納税義務の免除を受けない（受ける）こととなった場合における消費税額の調整（加算又は減算）額	⑭	（付表2-2の⑭X欄の金額）			
課 税 仕 入 れ 等 の 税 額 の 合 計 額 （⑩＋⑫＋⑬±⑭）	⑮	（付表2-2の⑮X欄の金額） 11,764,666	1,861,947	1,820,236	15,446,849
課税売上高が5億円以下、かつ、課税売上割合が95%以上の場合（⑮の金額）	⑯	（付表2-2の⑯X欄の金額） 11,764,666	1,861,947	1,820,236	15,446,849
課税売上高が5億円超又は課税売上割合が95%未満の場合 個別対応方式	⑮のうち、課税売上げにのみ要するもの	⑰	（付表2-2の⑰X欄の金額）			
	⑮のうち、課税売上げと非課税売上げに共通して要するもの	⑱	（付表2-2の⑱X欄の金額）			
	個別対応方式により控除する課税仕入れ等の税額〔⑰＋（⑱×④／⑦）〕	⑲	（付表2-2の⑲X欄の金額）			
	一括比例配分方式により控除する課税仕入れ等の税額　（⑮×④／⑦）	⑳	（付表2-2の⑳X欄の金額）			
控除税額の調整	課税売上割合変動時の調整対象固定資産に係る消費税額の調整（加算又は減算）額	㉑	（付表2-2の㉑X欄の金額）			
	調整対象固定資産を課税業務用（非課税業務用）に転用した場合の調整（加算又は減算）額	㉒	（付表2-2の㉒X欄の金額）			
差引 控 除 対 象 仕 入 税 額〔（⑯、⑲又は⑳の金額）±㉑±㉒〕がプラスの時	㉓	（付表2-2の㉓X欄の金額） 11,764,666	※付表1-1の④D欄へ 1,861,947	※付表1-1の④E欄へ 1,820,236	15,446,849
控 除 過 大 調 整 税 額〔（⑯、⑲又は⑳の金額）±㉑±㉒〕がマイナスの時	㉔	（付表2-2の㉔X欄の金額）	※付表1-1の③D欄へ	※付表1-1の③E欄へ	
貸 倒 回 収 に 係 る 消 費 税 額	㉕	（付表2-2の㉕X欄の金額）	※付表1-1の③D欄へ	※付表1-1の③E欄へ	

注意　1　金額の計算においては、1円未満の端数を切り捨てる。
　　　2　旧税率が適用された取引がある場合は、付表2-2を作成してから当該付表を作成する。
　　　3　⑨及び⑩欄には、値引き、割戻し、割引きなど仕入対価の返還等の金額がある場合（仕入対価の返還等の金額を仕入金額から直接減額している場合を除く。）には、その金額を控除した後の金額を記載する。

[R1.10.1以後終了課税期間用]

付表2－2　課税売上割合・控除対象仕入税額等の計算表
〔経過措置対象課税資産の譲渡等を含む課税期間用〕

一　般

課　税　期　間	平成31・1・1～令和元・12・31	氏名又は名称	××株式会社

項　　　目	税率3％適用分 A	税率4％適用分 B	税率6.3％適用分 C	旧税率分小計 X (A＋B＋C)
課　税　売　上　額　（　税　抜　き　）　①	円	円	円 270,200,000	※付表2-1の①X欄へ 円 270,200,000
免　　税　　売　　上　　額　②				
非課税資産の輸出等の金額、海外支店等へ移送した資産の価額　③				
課税資産の譲渡等の対価の額（①＋②＋③）④				（付表2-1の④F欄の金額） 382,295,518
課税資産の譲渡等の対価の額（④の金額）⑤				
非　　課　　税　　売　　上　　額　⑥				
資産の譲渡等の対価の額（⑤＋⑥）⑦				（付表2-1の⑦F欄の金額） 389,295,518
課　税　売　上　割　合　（　④　／　⑦　）⑧				（付表2-1の⑧F欄の割合） ［ 98 ％］ ※端数切捨て
課税仕入れに係る支払対価の額（税込み）⑨			201,680,000	※付表2-1の⑨X欄へ 201,680,000
課　税　仕　入　れ　に　係　る　消　費　税　額　⑩	（⑨A欄×3/103）	（⑨B欄×4/105）	（⑨C欄×6.3/108） 11,764,666	※付表2-1の⑩X欄へ 11,764,666
特定課税仕入れに係る支払対価の額　⑪			※⑪及び⑫欄は、課税売上割合が95％未満、かつ、特定課税仕入れがある事業者のみ記載する。	※付表2-1の⑪X欄へ
特定課税仕入れに係る消費税額　⑫			（⑪C欄×6.3/100）	※付表2-1の⑫X欄へ
課　税　貨　物　に　係　る　消　費　税　額　⑬				※付表2-1の⑬X欄へ
納税義務の免除を受けない（受ける）こととなった場合における消費税額の調整（加算又は減算）額　⑭				※付表2-1の⑭X欄へ
課税仕入れ等の税額の合計額（⑩＋⑫＋⑬±⑭）⑮			11,764,666	※付表2-1の⑮X欄へ 11,764,666
課税売上高が5億円以下、かつ、課税売上割合が95％以上の場合（⑮の金額）⑯			11,764,666	※付表2-1の⑯X欄へ 11,764,666
課税売上高が5億円超又は課税売上割合が95％未満の場合／個別対応方式　⑮のうち、課税売上げにのみ要するもの　⑰				※付表2-1の⑰X欄へ
⑮のうち、課税売上げと非課税売上げに共通して要するもの　⑱				※付表2-1の⑱X欄へ
個別対応方式により控除する課税仕入れ等の税額〔⑰＋（⑱×④／⑦）〕⑲				※付表2-1の⑲X欄へ
一括比例配分方式により控除する課税仕入れ等の税額（⑮×④／⑦）⑳				※付表2-1の⑳X欄へ
課税売上割合変動時の調整対象固定資産に係る消費税額の調整（加算又は減算）額　㉑				※付表2-1の㉑X欄へ
調整対象固定資産を課税業務用（非課税業務用）に転用した場合の調整（加算又は減算）額　㉒				※付表2-1の㉒X欄へ
差引　控　除　対　象　仕　入　税　額〔（⑯、⑲又は⑳の金額）±㉑±㉒〕がプラスの時　㉓	※付表1-2の④A欄へ	※付表1-2の④B欄へ	※付表1-2の④C欄へ 11,764,666	※付表2-1の㉓X欄へ 11,764,666
控　除　過　大　調　整　税　額〔（⑯、⑲又は⑳の金額）±㉑±㉒〕がマイナスの時　㉔	※付表1-2の③A欄へ	※付表1-2の③B欄へ	※付表1-2の③C欄へ	※付表2-1の㉔X欄へ
貸　倒　回　収　に　係　る　消　費　税　額　㉕	※付表1-2の③A欄へ	※付表1-2の③B欄へ	※付表1-2の③C欄へ	※付表2-1の㉕X欄へ

注意
1　金額の計算においては、1円未満の端数を切り捨てる。
2　旧税率が適用された取引がある場合は、当該付表を作成してから付表2-1を作成する。
3　④、⑦及び⑧のX欄は、付表2-1の①F欄で計算した後に記載する。
4　⑨及び⑪欄には、値引き、割戻し、割引きなど仕入対価の返還等の金額がある場合（仕入対価の返還等の金額を仕入金額から直接減額している場合を除く。）には、その金額を控除した後の金額を記載する。

(R1.10.1以後終了課税期間用)

5 消費税の申告書を作成する（原則課税方式　その2）

課税売上割合が95％未満で特定課税仕入れがある場合

● 具体例で書式作成について考えてみる

　ここでは、原則課税方式を適用し、課税売上割合が95％未満で、また特定課税仕入れがある課税事業者が申告書を作成する場合について説明します。課税売上割合が95％未満の場合の他、課税売上割合が95％以上でかつ課税売上高5億円超の場合には、仕入控除税額は全額控除の対象とはなりません。

　数値例は、国税庁で公表されている「軽減税率制度に対応した申告書の作成手順3（一般用）」（書式2　152 ～ 157ページ）に基づいています。

● 消費税計算の手順

手順1　課税標準額の計算

　課税標準額は、課税売上高（免税売上高を除く）に特定課税仕入れを加えた額になります。

　数値例による課税標準額は、次のとおりになります。

・課税売上高

旧税率分　　：197,200,000×100/108＝182,592,592

軽減税率分：なし

標準税率分：　63,700,000×100/110＝　57,909,090

合計　　　　　　　　　　　　　240,501,682

　旧税率分の課税売上高182,592,592は付表1－2①－1のC列に、その小計額として同額をX列及び付表1－1①－1のX列に記入

します。

　標準税率分57,909,090は付表１－１①－１のＥ列に、また旧税率分も加えた合計額240,501,682をＦ列に記入します。

■ 原則課税方式　その２の数値例 ……………………………………

（課税売上割合が95％未満で特定課税仕入れがある場合）

	税率6.3% 適用分 (旧税率)	税率6.24% 適用分 (軽減税率)	税率7.8% 適用分 (標準税率)	合　計
課税売上高 （税込）	197,200,000	0	63,700,000	260,900,000
免税売上高				15,000,000
非課税売上高				32,000,000
課税仕入れ （税込）	118,420,000	1,540,000	38,870,000	158,830,000
うち課税売上げにのみ要するもの	94,800,000	0	31,690,000	126,490,000
うち課税売上げと非課税売上げに共通して要するもの	22,520,000	1,540,000	6,851,000	30,911,000
うち非課税売上げにのみ要するもの	1,100,000	0	329,000	1,429,000
特定課税仕入れの金額（課税売上げと非課税売上げに共通して要するもの）	1,800,000	0	600,000	2,400,000

中間納付消費税額：4,410,000　　中間納付地方消費税額：1,190,000
基準期間の課税売上高（税抜）：250,000,000

・**特定課税仕入れ**

　旧税率分の特定課税仕入れ1,800,000は付表1－2①－2のC列に、その小計額として同額をX列及び付表1－1①－2のX列に記入します。

　標準税率分の特定課税仕入れ600,000は付表1－1①－2のE列に、また旧税率分も加えた合計額2,400,000をF列に記入します。

・**課税標準額**

| 旧税率分 | ：182,592,592＋1,800,000＝184,392,582 （184,392,000） |
| 軽減税率分：なし |
| 標準税率分： 57,909,090＋ 600,000＝ 58,509,090 （58,509,000） |

| 合計 | 242,901,672 （242,901,000） |

　　※（　　　　）は千円未満切捨て後

　千円未満切捨て後の課税標準額を付表1－2①のC列・X列及び付表1－1①のX列・E列・F列に記入します。

手順2　売上に対する消費税額の計算

　手順1 で計算した課税標準額に、税率区分ごとの消費税率（国税分）を掛けて消費税額を計算します。

| 旧税率分 | ：184,392,000×6.3%＝11,616,696 |
| 軽減税率分： なし |
| 標準税率分： 58,509,000×7.8%＝ 4,563,702 |

| 合計 | 16,180,398 |

　上記の消費税額は、付表1－2②のC列・X列及び付表1－1②のX列・E列・F列に記入します。

手順3　課税売上割合の計算

・課税売上高の計算

　この数値例では、売上返品等はないため、課税売上高は **手順1** で計算した課税売上高（税抜）に免税売上高を加えた額になります。

旧税率分	: 182,592,592
軽減税率分	: なし
標準税率分	: 57,909,090
合計1	240,501,682
免税売上高	: 15,000,000
合計2	255,501,682

　上記数値について、旧税率分の課税売上高182,592,592は付表2－2①のC列に、その小計額として同額をX列及び付表2－1①のX列に記入します。標準税率分の課税売上高57,909,090は付表2－1①のE列に、また旧税率分も加えた合計240,501,682をF列に記入します。

　免税売上高15,000,000は付表2－1②のF列に、①との合計額である255,501,682は付表2－2④のX列及び付表2－1④・⑤のF列に記入します。

・課税売上割合の計算

　課税売上高255,501,682÷（課税売上高255,501,682＋非課税売上高32,000,000）＝255,501,682÷287,501,682＝88%（端数切捨て）<95%

　非課税売上高32,000,000は付表2－1⑥のF列に、資産の譲渡等の対価の額287,501,682及び課税売上割合88%は付表2－2⑦⑧のF列及び付表2－1⑦⑧のF列に記入します。

手順4 控除対象仕入税額の計算

　仕入先に対して支払った消費税のうち、控除対象となる仕入税額をa）〜d）のステップで計算します。

a）課税仕入れ等に対する消費税の集計

・税込合計額の記入

　課税仕入れの税込合計額を記入します。旧税率分118,420,000は付表2−2⑨のC列及びその小計額として同額をX列、付表2−1⑨のX列に記入します。軽減税率分1,540,000は付表2−1⑨のD列に、標準税率分38,870,000は付表2−1⑨のE列に、また旧税率分も加えた合計額158,830,000をF列に記入します。

・仕入に対する消費税額の記入

　この数値例では、仕入返品等がないため、上記の税込金額を使用して消費税を計算します。

$$
\begin{array}{llr}
\text{旧税率分} & : 118,420,000 \times 6.3/108 = & 6,907,833 \\
\text{軽減税率分}: & 1,540,000 \times 6.24/108 = & 88,977 \\
\text{標準税率分}: & 38,870,000 \times 7.8/110 = & 2,756,236 \\
\hline
\text{合計} & & 9,753,046
\end{array}
$$

　旧税率分の消費税6,907,833は付表2−2⑩のC列に、その小計額として同額をX列及び付表2−1⑩のX列に記入します。軽減税率分の消費税88,977は付表2−1⑩のD列に、標準税率分の消費税2,756,236は付表2−1⑩のE列に、また旧税率分も加えた合計額9,753,046をF列に記入します。

・特定課税仕入れの記入

　旧税率分の特定課税仕入れ1,800,000は付表2−2⑪のC列に、その小計額として同額をX列及び付表2−1⑪のX列に記入します。

標準税率分の特定課税仕入れ600,000は付表２－１⑪のＥ列に、また旧税率分も加えた合計額2,400,000をＦ列に記入します。

・特定課税仕入れに対する消費税額の記入
旧税率分　：1,800,000×6.3％＝113,400
軽減税率分：なし
標準税率分：　600,000×7.8％＝　46,800
合計　　　　　　　　　160,200

　旧税率分の特定課税仕入れに対する消費税113,400は付表２－２⑫のＣ列に、その小計額として同額をＸ列及び付表２－１⑫のＸ列に記入します。標準税率分の特定課税仕入れに対する消費税46,800は付表２－１⑫のＥ列に、また旧税率分も加えた合計額160,200をＦ列に記入します。

・課税仕入れ等の税額の合計額の記入
　⑩課税仕入れに対する消費税＋⑫特定課税仕入れに対する消費税の合計額を⑮に記入します。

旧税率分　：6,907,833＋113,400＝7,021,233
軽減税率分：　88,977＋　　　0＝　88,977
標準税率分：2,756,236＋　46,800＝2,803,036
合計　　　　　　　　　9,913,246

　旧税率分の消費税7,021,233は付表２－２⑮のＣ列に、その小計額として同額をＸ列及び付表２－１⑮のＸ列に記入します。軽減税率分の消費税88,977は付表２－１⑮のＤ列に、標準税率分の消費税2,803,036は付表２－１⑮のＥ列に、また旧税率分も加えた合

計額9,913,246をＦ列に記入します。

b）課税売上にのみ要する課税仕入れ等に対する消費税の集計

　課税売上にのみに要するため、消費税は全額控除の対象となります。

旧税率分　：$94,800,000 \times 6.3/108 = 5,529,999$
軽減税率分：なし
標準税率分：$31,690,000 \times 7.8/110 = 2,247,109$

合計	7,777,108

　旧税率分の消費税5,529,999を付表２－２⑰のＣ列に、その小計額として同額をＸ列及び付表２－１⑰のＸ列に記入します。

　標準税率分の消費税2,247,109は付表２－１⑰のＥ列に、また旧税率分も加えた合計額7,777,108はＦ列に記入します。

c）課税売上げと非課税売上げに共通して要する課税仕入れ等に対する消費税の集計

　課税売上げと非課税売上げに共通して発生しているため、課税仕入れ等に対する消費税は、このうち課税売上割合を掛けた額が控除の対象となります。

・消費税額の集計

　特定課税仕入れも計算に入れることに留意が必要です。

旧税率分　：$22,520,000 \times 6.3/108 + 1,800,000 \times 6.3/100 = 1,427,066$
軽減税率分：　$1,540,000 \times 6.24/108$　　　　　　　　$= 88,977$
標準税率分：　$6,851,000 \times 7.8/110 + 600,000 \times 7.8/100 = 532,598$

合計	2,048,641

旧税率分の消費税1,427,066は付表２－２⑱のＣ列に、その小計額として同額をＸ列及び付表２－１⑱のＸ列に記入します。

軽減税率分の消費税88,977は付表２－１⑱のＤ列に、標準税率分の消費税532,598は付表２－１⑱のＥ列に、また旧税率分も加えた合計額2,048,641をＦ列に記入します。

・**仕入控除税額の計算**

課税売上割合を掛けて仕入控除税額を計算します。ただし、課税売上割合は付表２－１⑧に記入した88％を使用するのではなく、分数式としての「④課税売上高合計255,501,682÷⑦資産の譲渡等の対価の額287,501,682」を使用することに留意が必要です。

旧税率分　　：1,427,066×255,501,682/287,501,682＝1,268,228
軽減税率分：　　88,977×255,501,682/287,501,682＝　　79,073
標準税率分：　532,598×255,501,682/287,501,682＝　473,317
合計　　　　　　　　　　　　　　　　　　　　　　1,820,618

ｄ）控除対象仕入税額の計算

ｂ）にｃ）を加えて、控除対象となる仕入税額を合計します。

旧税率分　　：5,529,999＋1,268,228＝6,798,227
軽減税率分：　　　　　　0＋　　79,073＝　　79,073
標準税率分：2,247,109＋　473,317＝2,720,426
合計　　　　　　　　　　　　　　　　　9,597,726

旧税率分の消費税6,798,227は付表２－２⑲のＣ列に、その小計額として同額をＸ列及び付表２－１⑲のＸ列に記入します。

軽減税率分の消費税79,073は付表２－１⑲のＤ列に、標準税率分の消費税2,720,426は付表２－１⑲のＥ列に、また旧税率分も加

えた合計額9,597,726はＦ列に記入します。

㉓控除対象仕入税額として、⑲と同額を記入し、さらに付表１－１及び付表１－２の④にも同額を記入します。

手順5　その他の控除税額の計算

数値例では、売上返品や貸倒れなどがないため、該当ありません。

手順6　申告書に控除税額及び差引税額を記入する

a）控除税額の記入

付表１－１（Ｘ列・Ｄ列・Ｅ列・Ｆ列）及び付表１－２（Ｃ列・Ｘ列）の④～⑥の合計額を⑦に記入します。

なお、この数値例では⑤⑥に該当するものがないため、⑦は④と同額になります。

b）差引税額の記入

手順2　で計算された付表１－１及び付表１－２の②から、上記⑦を控除した差引税額を⑨（還付の場合は⑧）に記入します。

（差引税額）

旧税率分　：11,616,696 − 6,798,227 ＝ 4,818,469

標準税率分：　4,563,702 − 2,720,426 ＝ 1,843,276

合計　　　　　　　　　　　　　　6,661,745

軽減税率分：0 − 79,073 ＝ ▲79,073（還付）

旧税率分の差引税額4,818,469は付表１－２⑨のＣ列に、その小計額として同額をＸ列及び付表１－１⑨のＸ列に記入します。

標準税率分の差引税額1,843,276は付表１－１⑨のＥ列に、また旧税率分も加えた合計額6,661,745をＦ列に記入します。

軽減税率分79,073は消費税の還付となるため、付表１－１⑧の
Ｄ列及びその合計額としてＦ列にプラスの金額を記入します。⑨
のＦ列6,661,745から⑧のＦ列79,073を控除した6,582,672を「合計
差引税額」として付表１－１⑩のＦ列に記入します。

手順7　地方消費税の計算

　付表１－１及び１－２⑨の金額と同額を⑫に転記し、⑧の金額
と同額を⑪に転記します。ただし、⑧は軽減税率分（Ｄ列）と標
準税率分（Ｅ列）の合計額79,073として⑪のＥ列に記入します。
　また、⑫から⑪を控除した額を地方消費税の課税標準となる消
費税として⑬に記入します。

（地方消費税の課税標準の計算）

旧税率分	：4,818,469 －	0 ＝ 4,818,469
軽減税率分＋標準税率分	：1,843,276 － 79,073 ＝ 1,764,203	
合計		6,582,672

　旧税率分の消費税4,818,469は付表１－２⑬のＣ列に、その小計
額として同額をＸ列及び付表１－１⑬のＸ列に記入します。
　軽減税率分と標準税率分を合計した地方消費税1,764,203は付表
１－１⑬のＥ列に記入します。また、旧税率分も加えた合計額
6,582,672をＦ列に記入します。

（地方消費税の計算）
　上記の地方消費税の課税標準となる消費税に基づいて、地方消
費税を計算します。

旧税率分　　　　　　　　　：4,818,469×17/63＝1,300,221
軽減税率分＋標準税率分：1,843,276×22/78＝　519,898

（還付を除く）
合計　　　　　　　　　　　　　　　　　1,820,119

軽減税率分＋標準税率分：▲79,073×22/78＝▲22,302（還付）

　旧税率分の地方消費税1,300,221は付表1－2⑮のC列に、その小計額として同額をX列及び付表1－1⑮のX列に記入します。

　軽減税率分と標準税率分（還付を除く）を合計した地方消費税519,898は付表1－1⑮のE列に記入します。また旧税率分も加えた合計額1,820,119をF列に記入します。

　軽減税率分と標準税率分の還付額▲22,302を付表1－1⑭のE列及び合計としてF列にプラスの金額を記入します。

　最後に、付表1－1⑮F列から⑭F列を控除した1,797,817を「合計差引譲渡割額」として⑯に記入します。

手順8　第二表への転記

　次の各数値を、付表1－1及び1－2から第二表へ転記します。

	転記元	転記先 (第二表)
課税標準額	付表1－1のF列①	①
税率ごとの課税資産の譲渡等の対価の額の合計額	付表1－2のC列①－1、付表1－1のE列・F列①－1	④⑥⑦
税率ごとの特定課税仕入れ	付表1－2のC列①－2、付表1－1のE列・F列①－2	⑧⑨⑩
税率ごとの消費税額	付表1－2のC列②、付表1－1のE列・F列②	⑪⑭⑯
税率ごとの地方消費税の課税標準となる消費税額	付表1－2のC列⑬、付表1－1のE列・F列⑬	⑳㉒㉓

手順9 第一表の作成（納付税額の計算）

第一表の①課税標準額、②消費税額、④控除対象仕入税額、⑦控除税額小計（控除税額）は、付表1-1のF列の①②④⑦から転記します。

⑨差引税額は、付表1-1のF列の⑩から転記します。なお、100円未満は切捨て（6,582,600）になります。⑩中間納付税額4,410,000を記入して、⑨6,582,600から控除した2,172,600を⑪納付税額に記入します。

⑮課税資産の譲渡等の対価の額（課税売上高）及び⑯資産の譲渡等の対価の額（課税売上高＋非課税売上高）は、付表2-1の合計値であるF列の④及び⑦から転記します。

⑱地方消費税の課税標準となる消費税額（差引税額）は、付表1-1のF列の⑬から転記します。なお、100円未満は切捨て（6,582,600）になります。

⑳譲渡割額（地方消費税の納税額）は、付表1-1のF列の⑯から転記します。なお、100円未満は切捨て（1,797,800）になります。

㉑中間納付譲渡割額1,190,000を記入し、⑳1,797,800から控除した607,800を㉒納付譲渡割額に記入します。

最後に、⑪に㉒を加えた未払いの消費税及び地方消費税合計税額2,780,400を㉖に記入します。また、「参考事項」の基準期間の課税売上高250,000千円を記入します。

第3-(1)号様式

令和　2 年 2 月 25 日　　××　税務署長殿
（収受印）

納　税　地	東京都××区○○4-5-6
	（電話番号　03 - ×××× - ××××）
（フリガナ）	××　カブシキガイシャ
名　　称 又 は 屋 号	△△株式会社
個 人 番 号 又は法人番号	↓個人番号の記載に当たっては、左端を空欄とし、ここから記載してください。 ○○○○○○○○○○○○○
（フリガナ）	××　ジロウ
代表者氏名 又 は 氏 名	××　次郎　（法人代表印）

※税務署処理欄

一　連　番　号			翌年以降 送付不要
所管	署番号	整理番号	
申告年月日		令和 　年 　月 　日	
申告区分	指導等	庁指定	局指定
通信日付印	確認印	確認書類	個人番号カード 通知カード・運転免許証 その他（　　）	身元確認
年 月 日			
指導 年 月 日		相談	区分1 区分2 区分3
令和			

第一表

令和元年十月一日以後終了課税期間分　一般用

自 平成
　令和 **31** 年 **1** 月 **1** 日
至 令和 **1** 年 **12** 月 **31** 日

課税期間分の消費税及び地方消費税の（　確定　）申告書

中間申告
の場合の
対象期間　自 平成
　　令和 □□ 年 □□ 月 □□ 日　至 令和 □□ 年 □□ 月 □□ 日

この申告書による消費税の税額の計算

		十兆 千百十億 千百十万 千百十一 円
課 税 標 準 額	①	2 4 2 9 0 1 0 0 0
消　費　税　額	②	1 6 1 8 0 3 9 8
控除過大調整税額	③	
控 除 税 額	控除対象仕入税額	④	9 5 9 7 7 2 6
	返還等対価 に係る税額	⑤	
	貸倒れに係る税額	⑥	
	控除税額小計 （④＋⑤＋⑥）	⑦	9 5 9 7 7 2 6
控除不足還付税額 （⑦－②－③）	⑧	
差　引　税　額 （②＋③－⑦）	⑨	6 5 8 2 6 0 0
中 間 納 付 税 額	⑩	4 4 1 0 0 0 0
納　付　税　額 （⑨－⑩）	⑪	2 1 7 2 6 0 0
中間納付還付税額 （⑩－⑨）	⑫	0 0
この申告書 が修正申告 である場合	既確定税額	⑬	
	差引納付税額	⑭	0 0
課税資産の譲渡 等の対価の額	⑮	2 5 5 5 0 1 6 8 2
資産の譲渡 等の対価の額	⑯	2 8 7 5 0 1 6 8 2

この申告書による地方消費税の税額の計算

地方消費税 の課税標準 となる消費 税額	控除不足還付税額	⑰	
	差 引 税 額	⑱	6 5 8 2 6 0 0
譲渡 割額	還　付　額	⑲	
	納　税　額	⑳	1 7 9 7 8 0 0
中間納付譲渡割額	㉑	1 1 9 0 0 0 0
納付譲渡割額 （⑳－㉑）	㉒	6 0 7 8 0 0
中間納付還付譲渡割額 （㉑－⑳）	㉓	0 0
この申告書 が修正申告 である場合	既確定 譲渡割額	㉔	
	差引納付 譲渡割額	㉕	0 0
消費税及び地方消費税の 合計（納付又は還付）税額	㉖	2 7 8 0 4 0 0

㉖＝（⑪＋㉒）－（⑫＋㉓＋⑭＋㉕）・確定申告の場合㉔＝㉒＝㉓
㉖が還付税額となる場合はマイナス「－」を付してください。

付記事項			
割 賦 基 準 の 適 用	有	○無	31
延 払 基 準 等 の 適 用	有	○無	32
工事進行基準の適用	有	○無	33
現金主義会計の適用	有	○無	34

参考事項

課税標準額に対する消費
税額の計算の特例の適用　　　有　　○無

控除税額の計算方法	課税売上高5億円超又は 課税売上割合95％未満	○個別対応方式
		一括比例配分方式
	上 記 以 外	全 額 控 除

基準期間の
課税売上高　　　　　　250,000 千円

還付を受けようとする金融機関等

銀　　行 金庫・組合 農協・漁協	本店・支店 出張所 本所・支所
預金 口 座 番 号	
ゆうちょ銀行の 貯金記号番号	－
郵 便 局 名 等	

※税務署整理欄

税 理 士 署名押印	（印）
	（電話番号　　－　　－　　）

税 理 士 法 第 30 条 の 書 面 提 出 有
税 理 士 法 第 33 条 の 2 の 書 面 提 出 有

課税標準額等の内訳書

整理番号 ☐☐☐☐☐☐☐☐

納 税 地	東京都××区○○4-5-6 （電話番号 03-××××-××××）
（フリガナ） 名 称 又 は 屋 号	×× カブシキガイシャ △△株式会社
（フリガナ） 代表者氏名 又 は 氏 名	×× ジロウ ×× 次郎

改正法附則による税額の特例計算

軽 減 売 上 割 合 （ 10 営 業 日 ）	☐	附則38①
小 売 等 軽 減 仕 入 割 合	☐	附則38②
小 売 等 軽 減 売 上 割 合	☐	附則39①

第二表　令和元年十月一日以後終了課税期間分

自 平成・令和 31年 1月 1日
至 令和 1年 12月 31日
課税期間分の消費税及び地方消費税の（ 確定 ）申告書
中間申告の場合の対象期間　自 平成・令和 ☐☐年 ☐☐月 ☐☐日　至 令和 ☐☐年 ☐☐月 ☐☐日

課　税　標　準　額 ※申告書（第一表）の①欄へ		①	242901000
課税資産の 譲渡等の 対価の額 の合計額	3 ％ 適 用 分	②	
	4 ％ 適 用 分	③	
	6.3 ％ 適 用 分	④	182592592
	6.24 ％ 適 用 分	⑤	0
	7.8 ％ 適 用 分	⑥	57909090
		⑦	240501682
特定課税仕入れ に係る支払対価 の額の合計額(注1)	6.3 ％ 適 用 分	⑧	180000000
	7.8 ％ 適 用 分	⑨	60000000
		⑩	240000000

消　費　税　額 ※申告書（第一表）の②欄へ		⑪	16180398
⑪ の 内 訳	3 ％ 適 用 分	⑫	
	4 ％ 適 用 分	⑬	
	6.3 ％ 適 用 分	⑭	11616696
	6.24 ％ 適 用 分	⑮	0
	7.8 ％ 適 用 分	⑯	4563702

返 還 等 対 価 に 係 る 税 額 ※申告書（第一表）の⑤欄へ	⑰	
売 上 げ の 返 還 等 対 価 に 係 る 税 額	⑱	
特定課税仕入れの返還等対価に係る税額(注1)	⑲	

地方消費税の 課税標準となる 消 費 税 額 (注2)		⑳	6582672
	4 ％ 適 用 分	㉑	
	6.3 ％ 適 用 分	㉒	4818469
	6.24％及び7.8％ 適 用 分	㉓	1764203

(注1) ⑧～⑩及び⑲欄は、一般課税により申告する場合で、課税売上割合が95％未満、かつ、特定課税仕入れがある事業者のみ記載します。
(注2) ㉑～㉓欄が還付税額となる場合はマイナス「－」を付してください。

付表1-1　税率別消費税額計算表 兼 地方消費税の課税標準となる消費税額計算表

| 一　般 |

| 課　税　期　間 | 平成31・1・1～令和元・12・31 | 氏 名 又 は 名 称 | △△株式会社 |

区　　　　　分		旧 税 率 分 小 計 X	税率6.24％適用分 D	税率7.8％適用分 E	合　　　計　F (X＋D＋E)
課 税 標 準 額	①	(付表1-2の①X欄の金額) 円 184,392 000	000	円 58,509 000	※第二表の①欄へ 円 242,901 000
① の 内 訳	課 税 資 産 の 譲 渡 等 の 対 価 の 額 ①-1	(付表1-2の①-1X欄の金額) 182,592,592	※第二表の⑤欄へ 0	※第二表の⑥欄へ 57,909,090	※第二表の⑦欄へ 240,501,682
	特 定 課 税 仕 入 れ に 係 る 支 払 対 価 の 額 ①-2	(付表1-2の①-2X欄の金額) 1,800,000	※①-2欄は、課税売上割合が95％未満、かつ、特定課税仕入れがある事業者のみ記載する。 	※第二表の⑨欄へ 600,000	※第二表の⑩欄へ 2,400,000
消 費 税 額	②	(付表1-2の②X欄の金額) 11,616,696	※第二表の⑮欄へ 0	※第二表の⑯欄へ 4,563,702	※第二表の⑪欄へ 16,180,398
控 除 過 大 調 整 税 額	③	(付表1-2の③X欄の金額) 	(付表2-1の㉔・㉕D欄の合計金額) 	(付表2-1の㉔・㉕E欄の合計金額) 	※第一表の③欄へ
控 除 税 額	控 除 対 象 仕 入 税 額 ④	(付表1-2の④X欄の金額) 6,798,227	(付表2-1の㉓D欄の金額) 79,073	(付表2-1の㉓E欄の金額) 2,720,426	※第一表の④欄へ 9,597,726
	返 還 等 対 価 に 係 る 税 額 ⑤	(付表1-2の⑤X欄の金額) 			※第二表の⑰欄へ
	⑤ の 内 訳 売上げの返還等の対価に係る税額 ⑤-1	(付表1-2の⑤-1X欄の金額) 			※第二表の⑱欄へ
	特定課税仕入れの返還等対価に係る税額 ⑤-2	(付表1-2の⑤-2X欄の金額) 	※⑤-2欄は、課税売上割合が95％未満、かつ、特定課税仕入れがある事業者のみ記載する。 		※第二表の⑲欄へ
	貸 倒 れ に 係 る 税 額 ⑥	(付表1-2の⑥X欄の金額) 			※第一表の⑥欄へ
	控 除 税 額 小 計 (④＋⑤＋⑥) ⑦	(付表1-2の⑦X欄の金額) 6,798,227	79,073	2,720,426	※第一表の⑦欄へ 9,597,726
控 除 不 足 還 付 税 額 (⑦-②-③)	⑧	(付表1-2の⑧X欄の金額) 	※⑪E欄へ 79,073	※⑪E欄へ 	79,073
差 引 税 額 (②＋③-⑦)	⑨	(付表1-2の⑨X欄の金額) 4,818,469	※⑫E欄へ 	※⑫E欄へ 1,843,276	6,661,745
合 計 差 引 税 額 (⑨-⑧)	⑩				※マイナスの場合は第一表の⑧欄へ ※プラスの場合は第一表の⑨欄へ 6,582,672
地方消費税の課税標準となる消費税額	控 除 不 足 還 付 税 額 ⑪	(付表1-2の⑪X欄の金額) 		(⑧D欄と⑧E欄の合計金額) 79,073	79,073
	差 引 税 額 ⑫	(付表1-2の⑫X欄の金額) 4,818,469		(⑨D欄と⑨E欄の合計金額) 1,843,276	6,661,745
合 計 差 引 地 方 消 費 税 の 課税標準となる消費税額 (⑫-⑪)	⑬	(付表1-2の⑬X欄の金額) 4,818,469		※第二表の㉑欄へ 1,764,203	※マイナスの場合は第一表の⑱欄へ ※プラスの場合は第一表の⑳欄へ ※第二表の㉚欄へ 6,582,672
譲 渡 割 額	還 付 額 ⑭	(付表1-2の⑭X欄の金額) 		(⑪E欄×22/78) 22,302	22,302
	納 税 額 ⑮	(付表1-2の⑮X欄の金額) 1,300,221		(⑫E欄×22/78) 519,898	1,820,119
合 計 差 引 譲 渡 割 額 (⑮-⑭)	⑯				※マイナスの場合は第一表の㉒欄へ ※プラスの場合は第一表の㉓欄へ 1,797,817

注意　1　金額の計算においては、1円未満の端数を切り捨てる。
　　　2　旧税率が適用された取引がある場合は、付表1-2を作成してから当該付表を作成する。

(R1.10.1以後終了課税期間用)

付表1-2　税率別消費税額計算表 兼 地方消費税の課税標準となる消費税額計算表
〔経過措置対象課税資産の譲渡等を含む課税期間用〕

| 一　般 |

| 課　税　期　間 | 平成31・1・1～令和元・12・31 | 氏名又は名称 | △△株式会社 |

区　　　　　分	税率3%適用分 A	税率4%適用分 B	税率6.3%適用分 C	旧税率分小計 X (A+B+C)
課　税　標　準　額 ①	円 000	円 000	184,392 000 円	※付表1-1の①X欄へ 184,392 000 円
①の内訳　課税資産の譲渡等の対価の額 ①-1	※第二表の②欄へ	※第二表の③欄へ	※第二表の④欄へ 182,592,592	※付表1-1の①-1X欄へ 182,592,592
特定課税仕入れに係る支払対価の額 ①-2	※①-2欄は、課税売上割合が95%未満、かつ、特定課税仕入れがある事業者のみ記載する。		※第二表の⑧欄へ 1,800,000	※付表1-1の①-2X欄へ 1,800,000
消　　費　　税　　額 ②	※第二表の⑫欄へ	※第二表の⑬欄へ	※第二表の⑭欄へ 11,616,696	※付表1-1の②X欄へ 11,616,696
控除過大調整税額 ③	(付表2-2の㉔・㉕A欄の合計金額)	(付表2-2の㉔・㉕B欄の合計金額)	(付表2-2の㉔・㉕C欄の合計金額)	※付表1-1の③X欄へ
控除税額　控除対象仕入税額 ④	(付表2-2の㉓A欄の金額)	(付表2-2の㉓B欄の金額)	(付表2-2の㉓C欄の金額) 6,798,227	※付表1-1の④X欄へ 6,798,227
返還等対価に係る税額 ⑤				※付表1-1の⑤X欄へ
⑤の内訳　売上げの返還等の対価に係る税額 ⑤-1				※付表1-1の⑤-1X欄へ
特定課税仕入れの返還等対価に係る税額 ⑤-2	※⑤-2欄は、課税売上割合が95%未満、かつ、特定課税仕入れがある事業者のみ記載する。			※付表1-1の⑤-2X欄へ
貸倒れに係る税額 ⑥				※付表1-1の⑥X欄へ
控除税額小計 (④+⑤+⑥) ⑦			6,798,227	※付表1-1の⑦X欄へ 6,798,227
控除不足還付税額 (⑦-②-③) ⑧		※⑪B欄へ	※⑪C欄へ	※付表1-1の⑧X欄へ
差引税額 (②+③-⑦) ⑨		※⑫B欄へ	※⑫C欄へ 4,818,469	※付表1-1の⑨X欄へ 4,818,469
合計差引税額 (⑨-⑧) ⑩				
地方消費税の課税標準となる消費税額　控除不足還付税額 ⑪		(⑧B欄の金額)	(⑧C欄の金額)	※付表1-1の⑪X欄へ
差引税額 ⑫		(⑨B欄の金額)	(⑨C欄の金額) 4,818,469	※付表1-1の⑫X欄へ 4,818,469
合計差引地方消費税の課税標準となる消費税額 (⑫-⑪) ⑬		※第二表の㉑欄へ	※第二表の㉒欄へ 4,818,469	※付表1-1の⑬X欄へ 4,818,469
譲渡割額　還付額 ⑭		(⑪B欄×25/100)	(⑪C欄×17/63)	※付表1-1の⑭X欄へ
納税額 ⑮		(⑫B欄×25/100)	(⑫C欄×17/63) 1,300,221	※付表1-1の⑮X欄へ 1,300,221
合計差引譲渡割額 (⑮-⑭) ⑯				

注意　1　金額の計算においては、1円未満の端数を切り捨てる。
　　　2　旧税率が適用された取引がある場合は、当該付表を作成してから付表1-1を作成する。

(R1.10.1以後終了課税期間用)

付表2−1　課税売上割合・控除対象仕入税額等の計算表

一 般

| | | 課　税　期　間 | 平成31・1・1 ~ 令和元・12・31 | 氏 名 又 は 名 称 | △△株式会社 |

項　　目		旧税率分小計 X	税率6.24%適用分 D	税率7.8%適用分 E	合　計　F (X + D + E)
課 税 売 上 額 （ 税 抜 き ）	①	(付表2-2の①X欄の金額) 円 182,592,592	円 0	円 57,909,090	円 240,501,682
免 税 売 上 額	②				15,000,000
非課税資産の輸出等の金額、海外支店等へ移送した資産の価額	③				
課税資産の譲渡等の対価の額（① + ② + ③）	④				※第一表の⑮欄へ ※付表2-2の④X欄へ 255,501,682
課税資産の譲渡等の対価の額（④の金額）	⑤				255,501,682
非 課 税 売 上 額	⑥				32,000,000
資 産 の 譲 渡 等 の 対 価 の 額 （ ⑤ + ⑥ ）	⑦				※第一表の⑯欄へ ※付表2-2の⑦X欄へ 287,501,682
課 税 売 上 割 合 （ ④ / ⑦ ）	⑧				※端数切捨て [88 %]
課 税 仕 入 れ に 係 る 支 払 対 価 の 額 （ 税 込 み ）	⑨	(付表2-2の⑨X欄の金額) 118,420,000	1,540,000	38,870,000	158,830,000
課 税 仕 入 れ に 係 る 消 費 税 額	⑩	(付表2-2の⑩X欄の金額) 6,907,833	(⑨D欄×6.24/108) 88,977	(⑨E欄×7.8/110) 2,756,236	9,753,046
特 定 課 税 仕 入 れ に 係 る 支 払 対 価 の 額	⑪	(付表2-2の⑪X欄の金額) 1,800,000	※⑪及び⑫欄は、課税売上割合が95%未満、かつ、特定課税仕入れがある事業者のみ記載する。	600,000	2,400,000
特 定 課 税 仕 入 れ に 係 る 消 費 税 額	⑫	(付表2-2の⑫X欄の金額) 113,400		(⑪E欄×7.8/100) 46,800	160,200
課 税 貨 物 に 係 る 消 費 税 額	⑬	(付表2-2の⑬X欄の金額)			
納税義務の免除を受けない（受ける）こととなった場合における消費税額の調整（加算又は減算）額	⑭	(付表2-2の⑭X欄の金額)			
課 税 仕 入 れ 等 の 税 額 の 合 計 額 （⑩ + ⑫ + ⑬ ± ⑭）	⑮	(付表2-2の⑮X欄の金額) 7,021,233	88,977	2,803,036	9,913,246
課税売上高が5億円以下、かつ、課税売上割合が95%以上の場合（⑮の金額）	⑯	(付表2-2の⑯X欄の金額)			
課5課95税億%税未円売満上割上超合がは高又合控の除調税額整	個別対応方式	⑮のうち、課税売上げにのみ要するもの	⑰	(付表2-2の⑰X欄の金額) 5,529,999	0	2,247,109	7,777,108
		⑮のうち、課税売上げと非課税売上げに共通して要するもの	⑱	(付表2-2の⑱X欄の金額) 1,427,066	88,977	532,598	2,048,641
		個別対応方式により控除する課税仕入れ等の税額 〔⑰ + （⑱×④/⑦）〕	⑲	(付表2-2の⑲X欄の金額) 6,798,227	79,073	2,720,426	9,597,726
	一括比例配分方式により控除する課税仕入れ等の税額 （⑮×④/⑦）		⑳	(付表2-2の⑳X欄の金額)			
控除税額の調整	課税売上割合変動時の調整対象固定資産に係る消費税額の調整（加算又は減算）額		㉑	(付表2-2の㉑X欄の金額)			
	調整対象固定資産を課税業務用（非課税業務用）に転用した場合の調整（加算又は減算）額		㉒	(付表2-2の㉒X欄の金額)			
差引	控 除 対 象 仕 入 税 額 〔（⑯、⑲又は⑳の金額）±㉑±㉒〕がプラスの時		㉓	(付表2-2の㉓X欄の金額) 6,798,227	※付表1-1の③D欄へ 79,073	※付表1-1の③E欄へ 2,720,426	9,597,726
	控 除 過 大 調 整 税 額 〔（⑯、⑲又は⑳の金額）±㉑±㉒〕がマイナスの時		㉔	(付表2-2の㉔X欄の金額)	※付表1-1の③D欄へ	※付表1-1の③E欄へ	
貸 倒 回 収 に 係 る 消 費 税 額			㉕	(付表2-2の㉕X欄の金額)	※付表1-1の③D欄へ	※付表1-1の③E欄へ	

注意　1　金額の計算においては、1円未満の端数を切り捨てる。
　　　2　旧税率が適用された取引がある場合は、付表2-2を作成してから当該付表を作成する。
　　　3　⑨及び⑪欄には、値引き、割戻し、割引きなど仕入対価の返還等の金額がある場合（仕入対価の返還等の金額を仕入金額から直接減額している場合を除く。）には、その金額を控除した後の金額を記載する。

(R1.10.1以後終了課税期間用)

第4-(6)号様式

付表２－２　課税売上割合・控除対象仕入税額等の計算表
〔経過措置対象課税資産の譲渡等を含む課税期間用〕

一　般

| 課　税　期　間 | 平成31・1・1～令和元・12・31 | 氏名又は名称 | △△株式会社 |

項　　　目			税率３％適用分 A	税率４％適用分 B	税率6.3％適用分 C	旧税率分小計 X (A＋B＋C)
課　税　売　上　額（　税　抜　き　）		①	円	円	182,592,592 円	※付表2-1の①X欄へ 182,592,592 円
免　　税　　売　　上　　額		②				
非課税資産の輸出等の金額、海外支店等へ移送した資産の価額		③				
課税資産の譲渡等の対価の額（①＋②＋③）		④				※付表2-1の④F欄の金額 255,501,682
課税資産の譲渡等の対価の額（④の金額）		⑤				
非　　課　　税　　売　　上　　額		⑥				
資産の譲渡等の対価の額（⑤＋⑥）		⑦				※付表2-1の⑦F欄の金額 287,501,682
課　税　売　上　割　合（　④　／　⑦　）		⑧				※付表2-1の⑧F欄の割合 [88 %] ※端数切捨て
課税仕入れに係る支払対価の額（税込み）		⑨			118,420,000	※付表2-1の⑨X欄へ 118,420,000
課　税　仕　入　れ　に　係　る　消　費　税　額		⑩	(⑨A欄×3/103)	(⑨B欄×4/105)	(⑨C欄×6.3/108) 6,907,833	※付表2-1の⑩X欄へ 6,907,833
特定課税仕入れに係る支払対価の額		⑪	※⑪及び⑫欄は、課税売上割合が95％未満、かつ、特定課税仕入れがある事業者のみ記載する。		1,800,000	1,800,000
特定課税仕入れに係る消費税額		⑫			(⑪C欄×6.3/100) 113,400	※付表2-1の⑫X欄へ 113,400
課　税　貨　物　に　係　る　消　費　税　額		⑬				※付表2-1の⑬X欄へ
納税義務の免除を受けない（受ける）こととなった場合における消費税額の調整（加算又は減算）額		⑭				※付表2-1の⑭X欄へ
課税仕入れ等の税額の合計額（⑩＋⑫＋⑬±⑭）		⑮			7,021,233	※付表2-1の⑮X欄へ 7,021,233
課税売上高が５億円以下、かつ、課税売上割合が95％以上の場合（⑮の金額）		⑯				※付表2-1の⑯X欄へ
課税売上高が５億円超又は課税売上割合が95％未満の場合	個別対応方式	⑮のうち、課税売上げにのみ要するもの	⑰			5,529,999	※付表2-1の⑰X欄へ 5,529,999
		⑮のうち、課税売上げと非課税売上げに共通して要するもの	⑱			1,427,066	※付表2-1の⑱X欄へ 1,427,066
		個別対応方式により控除する課税仕入れ等の税額〔⑰＋（⑱×④／⑦）〕	⑲			6,798,227	※付表2-1の⑲X欄へ 6,798,227
	一括比例配分方式により控除する課税仕入れ等の税額（⑮×④／⑦）		⑳				※付表2-1の⑳X欄へ
控除税額の調整	課税売上割合変動時の調整対象固定資産に係る消費税額の調整（加算又は減算）額		㉑				※付表2-1の㉑X欄へ
	調整対象固定資産を課税業務用（非課税業務用）に転用した場合の調整（加算又は減算）額		㉒				※付表2-1の㉒X欄へ
差引	控　除　対　象　仕　入　税　額〔（⑯、⑲又は⑳の金額）±㉑±㉒〕がプラスの時		㉓	※付表1-2の④A欄へ	※付表1-2の④B欄へ	※付表1-2の④C欄へ 6,798,227	※付表2-1の㉓X欄へ 6,798,227
	控　除　過　大　調　整　税　額〔（⑯、⑲又は⑳の金額）±㉑±㉒〕がマイナスの時		㉔	※付表1-2の③A欄へ	※付表1-2の③B欄へ	※付表1-2の③C欄へ	※付表2-1の㉔X欄へ
貸　倒　回　収　に　係　る　消　費　税　額		㉕	※付表1-2の③A欄へ	※付表1-2の③B欄へ	※付表1-2の③C欄へ	※付表2-1の㉕X欄へ

注意
1　金額の計算においては、1円未満の端数を切り捨てる。
2　旧税率が適用された取引がある場合は、当該付表を作成してから付表2-1を作成する。
3　④、⑦及び⑧のX欄には、付表2-1のF欄を計算した上に記載する。
4　⑨及び⑪欄には、値引き、割戻し、割引きなど仕入対価の返還等の金額がある場合（仕入対価の返還等の金額を仕入金額から直接減額している場合を除く。）には、その金額を控除した後の金額を記載する。

(R1.10.1以後終了課税期間用)

6 消費税の申告書を作成する（簡易課税方式）

みなし仕入率の特例を適用する場合

● 具体例で書式作成について考えてみる

　ここでは、簡易課税方式を適用し、みなし仕入率の特例によっ
て課税事業者が申告書を作成する場合について説明します。

　数値例は、国税庁で公表されている「軽減税率制度に対応した
申告書の作成手順2（簡易課税用）」（書式3　173 ～ 180ページ）
に基づいています。なお、事業は第二種事業（小売業等）と第四
種事業（その他）の2つがある場合となります。

● 消費税計算の手順

手順1　課税標準額の計算

　課税標準額の計算方法は原則課税方式と同様です。また、簡易
課税方式では特定課税仕入れに対する消費税が発生しないため、
課税売上高（免税売上高を除く）＝課税標準額となります。

　数値例による課税標準高は、次のとおりです。

旧税率分　　：23,033,000×100/108 ＝ 21,326,851　（21,326,000）
軽減税率分：　4,798,000×100/108 ＝　4,442,592　　（4,442,000）
標準税率分：　2,879,000×100/110 ＝　2,617,272　　（2,617,000）

合計 28,386,715　（28,385,000）
　　※（　　　　）は千円未満切捨て後

　旧税率分の課税標準額（課税資産の譲渡等の対価の額）
21,326,851は付表4 - 2①- 1のC列に、その小計額として同額

をX列及び付表4－1①－1のX列に記入します。

　軽減税率分の課税標準額4,442,592は付表4－1①－1のD列に、標準税率分の課税標準額2,617,272は付表4－1①－1のE列に、また旧税率分の課税標準額も加えた合計額28,386,715はF列に記入します。

　課税標準額は最終的に千円未満を切捨てるため、切捨て後の金額を付表4－2①のC列・X列に、付表4－1①のX列・D列・E列・F列に記入します。

■ 簡易課税方式の数値例 ···

	税率6.3% 適用分 （旧税率）	税率6.24% 適用分 （軽減税率）	税率7.8% 適用分 （標準税率）	合　計
課税売上高 （税込）	23,033,000	4,798,000	2,879,000	30,710,000
うち第二種 　事業	18,033,000	4,798,000	1,928,000	24,759,000
うち第四種 　事業	5,000,000	0	951,000	5,951,000
免税売上高				1,100,000
売上返品等 （税込）	1,514,000	315,000	189,000	2,018,000
うち第二種 　事業	909,000	315,000	114,000	1,338,000
うち第四種 　事業	605,000	0	75,000	680,000
貸倒処理額 （税込）	560,000	0	0	560,000

中間納付消費税額、中間納付地方消費税額：なし
基準期間の課税売上高（税抜）：30,000,000

手順2 **売上に対する消費税額の計算**

　原則課税方式と同様に、千円未満切り捨て後の課税標準額に、税率区分ごとの消費税率を掛けて消費税額を計算します。

旧税率分　　：	$21,326,000 \times 6.3\% = 1,343,538$
軽減税率分：	$4,442,000 \times 6.24\% = 277,180$
標準税率分：	$2,617,000 \times 7.8\% = 204,126$
合計	1,824,844

　上記の消費税額は、付表4－2②のC列・X列及び付表4－1②のX列・D列・E列・F列に記入します。

手順3 **控除対象仕入額の計算**

　a）～d）に基づいて計算します。原則課税方式とは控除対象仕入額の計算が大きく異なるところです。控除対象仕入税額の計算は、いくつか計算方法がありますが、その中で一番控除額が多い方法を適用することとします。

a）基礎金額の記入

　簡易課税方式の控除対象仕入税額を計算するために必要となる、売上に対する消費税額、貸倒れ回収に対する消費税額及び売上返品等に対する消費税額を次のとおり記入（転記）します。

　付表4－1及び4－2の②から売上に対する消費税額を付表5－1及び5－2の①に転記します。

　売上返品等に対する消費税は、後述 **手順4** （169ページ）に基づき付表4－1及び4－2の⑤から付表5－1及び5－2の③に転記します。なお、この数値例では貸倒れ回収に対する消費税額は該当ありません。

　以上により、付表5－1及び5－2の①から③を控除した額を

④に記入します。

（④への記入額）

旧税率分　　：1,343,538 − 88,316 = 1,255,222

軽減税率分：　277,180 − 18,199 =　258,981

標準税率分：　204,126 − 13,401 =　190,725

合計　　　　　　　　　　　　1,704,928

ｂ）事業区分別の課税売上高の記入

第二種事業と第四種事業の税率ごとの課税売上高（税抜）及び売上割合を記入します。

・全事業

（売上）

旧税率分　　：23,033,000 × 100/108 = 21,326,851

軽減税率分：　4,798,000 × 100/108 =　4,442,592

標準税率分：　2,879,000 × 100/110 =　2,617,272

合計　　　　　　　　　　　　28,386,715

（売上返品等）

旧税率分　　：1,514,000 × 100/108 = 1,401,851

軽減税率分：　315,000 × 100/108 =　291,666

標準税率分：　189,000 × 100/110 =　171,818

合計　　　　　　　　　　　　1,865,335

（差引）

旧税率分　　：21,326,851 − 1,401,851 = 19,925,000

軽減税率分：　4,442,592 −　291,666 =　4,150,926

標準税率分：　2,617,272 −　171,818 =　2,445,454

合計　　　　　　　　　　　　26,521,380

差引の全事業の売上について、旧税率分19,925,000は付表5 – 2⑥のC列に、その小計額として同額をX列及び付表5 – 1⑥のX列に記入します。

　軽減税率分4,150,926は付表5 – 1⑥のD列に、標準税率分2,445,454は付表5 – 1⑥のE列に、また旧税率分も加えた合計額26,521,380をF列に記入します。

・第二種事業

（売上）

旧税率分	：	$18,033,000 \times 100/108 =$	16,697,222
軽減税率分：		$4,798,000 \times 100/108 =$	4,442,592
標準税率分：		$1,928,000 \times 100/110 =$	1,752,727
合計			22,892,541

（売上返品等）

旧税率分	：	$909,000 \times 100/108 =$	841,666
軽減税率分：		$315,000 \times 100/108 =$	291,666
標準税率分：		$114,000 \times 100/110 =$	103,636
合計			1,236,968

（差引）

旧税率分	：	$16,697,222 - 841,666 =$	15,855,556
軽減税率分：		$4,442,592 - 291,666 =$	4,150,926
標準税率分：		$1,752,727 - 103,636 =$	1,649,091
合計			21,655,573

（売上割合）

$21,655,573 \div 26,521,380$ （全事業） $= 81.6\%$

差引の第二種事業の売上について、旧税率分15,855,556は付表5－2⑧のＣ列に、その小計額として同額をＸ列及び付表5－1⑧のＸ列に記入します。

　軽減税率分4,150,926は付表5－1⑧のＤ列に、標準税率分1,649,091は付表5－1⑧のＥ列に、また旧税率分も加えた合計額21,655,573並びに売上割合81.6％をＦ列に記入します。

・第四種事業

（売上）

旧税率分　：　$5,000,000 \times 100/108 = 4,629,629$

軽減税率分：　　　　　なし

標準税率分：　$951,000 \times 100/110 = 864,545$

合計　　　　　　　　5,494,174

（売上返品等）

旧税率分　：　$605,000 \times 100/108 = 560,185$

軽減税率分：　　　　　なし

標準税率分：　$75,000 \times 100/110 = 68,181$

合計　　　　　　　　628,366

（差引）

旧税率分　：　$4,629,629 - 560,185 = 4,069,444$

軽減税率分：なし

標準税率分：　$864,545 - 68,181 = 796,364$

合計　　　　　　　　4,865,808

（売上割合）

$4,865,808 \div 26,521,380$（全事業）$= 18.3\%$

差引の第四種事業の売上について、旧税率分4,069,444は付表５ － ２⑩のＣ列に、その小計額として同額をＸ列及び付表５ － １⑩ のＸ列に記入します。

　標準税率分796,364は付表５ － １⑩のＥ列に、また旧税率分も 加えた合計額4,865,808並びに売上割合18.3％をＦ列に記入します。

ｃ）事業区分別の課税売上高に対する消費税額の記入

　第二種事業と第四種事業の税率ごとの課税売上高に対する消費 税額を記入します。

・全事業

（売上）

旧税率分	：23,033,000× 6.3/108 ＝	1,343,591
軽減税率分：	4,798,000×6.24/108 ＝	277,217
標準税率分：	2,879,000× 7.8/110 ＝	204,146
合計		1,824,954

（売上返品等）

旧税率分	： 1,514,000× 6.3/108 ＝	88,316
軽減税率分：	315,000×6.24/108 ＝	18,199
標準税率分：	189,000× 7.8/110 ＝	13,401
合計		119,916

（差引）

旧税率分	： 1,343,591 － 88,316 ＝	1,255,275
軽減税率分：	277,217 － 18,199 ＝	259,018
標準税率分：	204,146 － 13,401 ＝	190,745
合計		1,705,038

差引の全事業の消費税額について、旧税率分1,255,275は付表5－2⑬のＣ列に、その小計額として同額をＸ列及び付表5－1⑬のＸ列に記入します。

　軽減税率分259,018は付表5－1⑬のＤ列に、標準税率分190,745は付表5－1⑬のＥ列に、また旧税率分も加えた合計額1,705,038をＦ列に記入します。

・第二種事業

（売上）

旧税率分	：18,033,000 × 　6.3/108 =	1,051,925
軽減税率分：	4,798,000 × 6.24/108 =	277,217
標準税率分：	1,928,000 × 　7.8/110 =	136,712
合計		1,465,854

（売上返品等）

旧税率分	：　909,000 × 　6.3/108 =	53,025
軽減税率分：	315,000 × 6.24/108 =	18,199
標準税率分：	114,000 × 　7.8/110 =	8,083
合計		79,307

（差引）

旧税率分	：1,051,925 － 53,025 =	998,900
軽減税率分：	277,217 － 18,199 =	259,018
標準税率分：	136,712 － 8,083 =	128,629
合計		1,386,547

　差引の第二種事業の消費税額について、旧税率分998,900は付表5－2⑮のＣ列に、その小計額として同額をＸ列及び付表5－

1⑮のX列に記入します。

　軽減税率分259,018は付表5－1⑮のD列に、標準税率分128,629は付表5－1⑮のE列に、また旧税率分も加えた合計額1,386,547をF列に記入します。

・第四種事業

（売上）

旧税率分　　：5,000,000 × 6.3/108 ＝ 291,666

軽減税率分：なし

標準税率分：　951,000 × 7.8/110 ＝　67,434

合計	359,100

（売上返品等）

旧税率分　　：　605,000 × 6.3/108 ＝　35,291

軽減税率分：なし

標準税率分：　　75,000 × 7.8/110 ＝　　5,318

合計	40,609

（差引）

旧税率分　　：291,666 － 35,291 ＝ 256,375

軽減税率分：なし

標準税率分：　67,434 － 5,318 ＝　62,116

合計	318,491

　差引の第四種事業の消費税額について、旧税率分256,375は付表5－2⑰のC列に、その小計額として同額をX列及び付表5－1⑰のX列に記入します。

　標準税率分62,116は付表5－1⑰のE列に、また旧税率分も加

えた合計額318,491をF列に記入します。

d）みなし仕入率及び控除対象仕入税額の計算
　みなし仕入率を原則的な計算と特例（簡便法）の計算（58〜60ページ）によりそれぞれ算定します。

（イ）原則的な計算
　控除対象仕入税額は次の算式で計算します。

> **控除対象仕入税額＝仕入に対する消費税×みなし仕入率（※）**
> **※みなし仕入率＝（第二種事業の売上に対する消費税×80％＋第四種事業の売上に対する消費税×60％）÷全事業の売上に対する消費税**

　（旧税率分）
　$1,255,222 ×（998,900 × 80 ％ ＋ 256,375 × 60 ％）÷ 1,255,275 = 952,904$
　付表5－2⑳のC列・X列、及び付表5－1⑳のX列に記入します。
　（軽減税率分）
　$258,981 ×（259,018 × 80％ ＋ 0）÷ 259,018 = 207,184$
　付表5－1⑳のD列に記入します。
　（標準税率分）
　$190,725 ×（128,629 × 80％ ＋ 62,116 × 60％）÷ 190,745 = 140,157$
　付表5－1⑳のE列に記入します。
　以上により、合計額1,300,245（＝952,904＋207,184＋140,157）を付表5－1⑳のF列に記入します。

(ロ) 特例の計算 （1種類の事業で売上割合が75%以上）

　第二種事業の売上割合は81.6%で、1種類の事業のみで75%以上あるため、第二種事業のみなし仕入率80%を全体に適用することができます。

　旧税率分　　：1,255,222×80% = 1,004,177
　軽減税率分：　258,981×80% = 　207,184
　標準税率分：　190,725×80% = 　152,580
　合計　　　　　　　　　　　　　1,363,941

　旧税率分1,004,177は付表5－2㉑のC列に、その小計額として同額をX列及び付表5－1㉑のX列に記入します。

　軽減税率分207,184は付表5－1㉑のD列に、標準税率分152,580は付表5－1㉑のE列に、また旧税率分も加えた合計額1,363,941をF列に記入します。

(ハ) 特例の計算 （2種類の事業で売上割合が75%以上）

　第二種事業と第四種事業の2種類の事業を合わせた売上割合は100%で75%以上になるため、みなし仕入率の高い方（第二種事業）はその事業（第二種事業）のみなし仕入率（80%）を適用し、それ以外（第四種事業）の課税売上高は、その2事業のうち低い方（第四種事業）のみなし仕入率（60%）を適用できます。ただし、この数値例は事業が2種類しかないため、計算結果はイと同じになります。

　そこで、付表5－1及び5－2の㉘に⑳と同額を記入します。

(ニ) 有利選択と控除対象仕入税額の確定

　上記(イ)(ロ)(ハ)のうち、一番金額が大きい(ロ)1,363,941を控除対象仕

入税額とします。そこで、付表5−1及び5−2の㉑で記載した金額と同額を次の箇所に記入します。

　・付表5−1及び5−2の㊲
　・付表4−1及び4−2の④

手順4　その他の控除税額の計算

　売上返品等、及び貸倒れがありますので、それぞれの控除税額を計算します。

（売上返品等）

旧税率分	：1,514,000 ×	6.3/108 ＝	88,316
軽減税率分：	315,000 ×	6.24/108 ＝	18,199
標準税率分：	189,000 ×	7.8/110 ＝	13,401
合計			119,916

　上記数値を付表4−2⑤のC列・X列及び付表4−1⑤のX列・D列・E列・F列に記入します。

（貸倒れ）

旧税率分　　：　560,000×6.3/108＝　32,666

　上記数値を付表4−2⑥のC列・X列及び付表4−1⑥のX列・F列に記入します。

手順5　申告書に控除税額及び差引税額等を記入する

　原則課税方式の場合と計算方法は特に変わりません。

a）控除税額の記入

　手順3 及び 手順4 により、すべての控除税額が算定されたため、付表4−1（X列・D列・E列・F列）及び付表4−2

（C列・X列）の④～⑥の各合計額を⑦に記入します。

（控除税額）

旧税率分　：　1,004,177 ＋ 88,316 ＋ 32,666 ＝ 1,125,159

軽減税率分：　207,184 ＋ 18,199　　　　　＝　225,383

標準税率分：　152,580 ＋ 13,401　　　　　＝　165,981

合計　　　　　　　　　　　　　　　　　1,516,523

b）差引税額の記入

手順2 で記入された付表4 − 1 及び付表4 − 2 の②から、上記⑦を控除した差引税額を⑨に記入します。

（差引税額）

旧税率分　：　1,343,538 − 1,125,159 ＝ 218,379

軽減税率分：　277,180 −　225,383 ＝　51,797

標準税率分：　204,126 −　165,981 ＝　38,145

合計　　　　　　　　　　　　308,321

　また、差引税額⑨から還付税額⑧を控除した額を「合計差引税額」として付表4 − 1 ⑩のF列に記入します。ただし、この数値例は還付がないため、⑨のF列と同額を記入します。

手順6　地方消費税の計算

　原則課税方式の場合と計算方法は特に変わりません。

　付表4 − 1 及び4 − 2 ⑨の金額と同額を⑫に転記します。ただし、軽減税率分（D列）と標準税率分（E列）については、その2つの合計額89,942（＝51,797 ＋ 38,145）を⑫のE列に記入します。

　また、⑫から⑪を控除した額を地方消費税の課税標準となる消費税として⑬に記入します。ただし、この数値例では⑪はないため、⑬は⑫と同額となります。

⑬に基づいて、地方消費税を計算します。

旧税率分	：218,379×17/63＝58,927
軽減税率分＋標準税率分：	89,942×22/78＝25,368
合計	84,295

　旧税率分の地方消費税58,927は付表4－2⑮のC列に、その小計額として同額をX列及び付表4－1⑮のX列に記入します。

　軽減税率分と標準税率分を合計した地方消費税25,368は付表4－1⑮のE列に記入します。また旧税率分も加えた合計額84,295をF列に記入します。

　最後に、付表4－1⑮F列から⑭F列を控除した額を「合計差引譲渡割額」として⑯に記入します。ただし、この数値例は還付がないため、⑮のF列と同額を記入します。

手順7　第二表への転記

　原則課税方式の場合と転記の仕方は特に変わりません。

　次の各数値を、付表4－1及び4－2から第二表へ転記します。

	転記元	転記先 （第二表）
課税標準額	付表4－1のF列①	①
税率ごとの課税資産の譲渡等の対価の額の合計額	付表4－2のC列①－1、付表4－1のD列・E列・F列①－1	④⑤⑥⑦
税率ごとの消費税額	付表4－2のC列②、付表4－1のD列・E列・F列②	⑪⑭⑮⑯
売上返品等	付表4－1のF列⑤	⑰⑱
税率ごとの地方消費税の課税標準となる消費税額	付表4－2のC列⑬、付表4－1のE列・F列⑬	⑳㉒㉓

　第一表の①課税標準額、②消費税額、④控除対象仕入税額、⑤返還等対価に係る税額（売上返品等）、⑥貸倒れに係る税額（貸倒れ）、⑦控除税額小計（控除税額）は、付表4－1のF列の①②④⑤⑥⑦から転記します。

　⑨差引税額は、付表4－1のF列の⑩から転記します。なお、100円未満は切捨て（308,300）になります。また、この数値例では中間納付税額がないため、⑪にも⑨と同額を記入します。

　⑮この期間の課税売上高は、付表5－1のF列の⑥26,521,380に免税売上高1,100,000を加えた27,621,380を記入します。基準期間の課税売上高30,000,000は⑯に記入します。また、「参考事項」に第二種と第四種の課税売上高（千円単位）及び売上割合を、付表5－1のF列の⑧及び⑩から転記します。

　⑱地方消費税の課税標準となる消費税額（差引税額）は、付表4－1のF列の⑬から転記します。なお、100円未満は切捨て（308,300）になります。

　⑳譲渡割額（地方消費税の納税額）は、付表4－1のF列の⑯から転記します。なお、100円未満は切捨て（84,200）になります。また、この数値例では中間納付譲渡割額がないため、㉒納付譲渡割額にも⑳と同額を記入します。

　最後に、⑪に㉒を加えた未払いの消費税及び地方消費税合計税額392,500を㉖に記入します。

第３－(3)号様式

(簡)　第一表　令和元年十月一日以後終了課税期間分　簡易課税用

令和 2 年 2 月 26 日 (収受印)	×× 税務署長殿

納　税　地	東京都××区○○7-8-9
	（電話番号 03-××××-××××）
（フリガナ）	×× カブシキガイシャ
名　称又は屋号	○○株式会社
個人番号又は法人番号	↓個人番号の記載に当たっては、左端を空欄とし、ここから記載してください。 ○○○○○○○○○○○○
（フリガナ）	×× サブロウ
代表者氏名又は氏名	×× 三郎 （法人代表印）

税務署処理欄

※税務署処理欄		
一　連　番　号		翌年以降送付不要
所管 署番 整理番号		
申告年月日	令和　年　月　日	
申告区分	指導等　庁指定　局指定	
通信日付印　確認印	確認書類 個人番号カード 通知カード・運転免許証 その他（　）	身元確認
年　月　日		
指導　年　月　日	相談　区分1　区分2　区分3	
令和		

自 平成・令和 31 年 1 月 1 日		課税期間分の消費税及び地方消費税の（ 確定 ）申告書	中間申告の場合の対象期間	自 平成・令和　年　月　日
至 令和 1 年 12 月 31 日				至 令和　年　月　日

この申告書による消費税の税額の計算

		金額
課税標準額	①	2 8 3 8 5 0 0 0
消費税額	②	1 8 2 4 8 4 4
貸倒回収に係る消費税額	③	
控除税額　控除対象仕入税額	④	1 3 6 3 9 4 1
返還等対価に係る税額	⑤	1 1 9 9 1 6
貸倒れに係る税額	⑥	3 2 6 6 6
控除税額小計（④＋⑤＋⑥）	⑦	1 5 1 6 5 2 3
控除不足還付税額（⑦－②－③）	⑧	
差引税額（②＋③－⑦）	⑨	3 0 8 3 0 0
中間納付税額	⑩	0 0
納付税額（⑨－⑩）	⑪	3 0 8 3 0 0
中間納付還付税額（⑩－⑨）	⑫	0 0
この申告書が修正申告である場合　既確定税額	⑬	
差引納付税額	⑭	
この課税期間の課税売上高	⑮	2 7 6 2 1 3 8 0
基準期間の課税売上高	⑯	3 0 0 0 0 0 0 0

この申告書による地方消費税の税額の計算

地方消費税の課税標準となる消費税額	控除不足還付税額	⑰	
	差引税額	⑱	3 0 8 3 0 0
譲渡割額	還付額	⑲	
	納税額	⑳	8 4 2 0 0
中間納付譲渡割額		㉑	0 0
納付譲渡割額（⑳－㉑）		㉒	8 4 2 0 0
中間納付還付譲渡割額（㉑－⑳）		㉓	0 0
この申告書が修正申告である場合　既確定譲渡割額		㉔	
差引納付譲渡割額		㉕	0 0
消費税及び地方消費税の合計（納付又は還付）税額		㉖	3 9 2 5 0 0

㉖＝(⑪＋㉒)－(⑧＋⑫＋㉓)・修正申告の場合㉖＝㉕＋㉒
㉖が還付税額となる場合はマイナス「－」を付してください。

付記事項

割賦基準の適用	有	無 ○
延払基準等の適用	有	無 ○
工事進行基準の適用	有	無 ○
現金主義会計の適用	有	無 ○
課税標準額に対する消費税額の計算の特例の適用	有	無 ○

事業区分	課税売上高（免税売上高を除く）	売上割合 %
第1種	千円	
第2種	21,656	8 1 6
第3種		
第4種	4,866	1 8 3
第5種		
第6種		
特例計算適用（令57③）	有 ○	無

還付を受けようとする金融機関等	銀行・金庫・組合・農協・漁協	本店・支店 出張所 本所・支所
	預金　口座番号	
	ゆうちょ銀行の貯金記号番号	－
	郵便局名等	
※税務署整理欄		

税理士署名押印		㊞
（電話番号　－　－　）		

税理士法第30条の書面提出有	
税理士法第33条の2の書面提出有	

課税標準額等の内訳書

整理番号 ☐☐☐☐☐☐☐☐

納 税 地	東京都××区○○7-8-9
	(電話番号 03-××××-××××)
(フリガナ) 名　称 又 は 屋 号	×× カブシキガイシャ ○○株式会社
(フリガナ) 代表者氏名 又 は 氏 名	×× サブロウ ×× 三郎

改 正 法 附 則 に よ る 税 額 の 特 例 計 算

軽 減 売 上 割 合 (10 営業日)	☐	附則38①
小 売 等 軽 減 仕 入 割 合	☐	附則38②
小 売 等 軽 減 売 上 割 合	☐	附則39①

第二表　令和元年十月一日以後終了課税期間分

自 平成・令和 31 年 1 月 1 日
至 令和 1 年 12 月 31 日

課税期間分の消費税及び地方消費税の（ 確定 ）申告書

中間申告の場合の対象期間　自 平成・令和 ☐☐年 ☐☐月 ☐☐日　至 令和 ☐☐年 ☐☐月 ☐☐日

課 税 標 準 額 ※申告書（第一表）の①欄へ	①	2 8 3 8 5 0 0 0

課税資産の譲渡等の対価の額の合計額	3 ％ 適 用 分	②	
	4 ％ 適 用 分	③	
	6.3 ％ 適 用 分	④	2 1 3 2 6 8 5 1
	6.24 ％ 適 用 分	⑤	4 4 4 2 5 9 2
	7.8 ％ 適 用 分	⑥	2 6 1 7 2 7 2
		⑦	2 8 3 8 6 7 1 5
特定課税仕入れに係る支払対価の額の合計額 (注1)	6.3 ％ 適 用 分	⑧	
	7.8 ％ 適 用 分	⑨	
		⑩	

消 費 税 額 ※申告書（第一表）の②欄へ		⑪	1 8 2 4 8 4 4
⑪ の 内 訳	3 ％ 適 用 分	⑫	
	4 ％ 適 用 分	⑬	
	6.3 ％ 適 用 分	⑭	1 3 4 3 5 3 8
	6.24 ％ 適 用 分	⑮	2 7 7 1 8 0
	7.8 ％ 適 用 分	⑯	2 0 4 1 2 6

返 還 等 対 価 に 係 る 税 額 ※申告書（第一表）の⑤欄へ	⑰	1 1 9 9 1 6
⑰の内訳　売 上 げ の 返 還 等 対 価 に 係 る 税 額	⑱	1 1 9 9 1 6
特定課税仕入れの返還等対価に係る税額 (注1)	⑲	

地方消費税の課税標準となる消費税額		⑳	3 0 8 3 2 1
	4 ％ 適 用 分	㉑	
	6.3 ％ 適 用 分	㉒	2 1 8 3 7 9
(注2)	6.24％及び7.8％ 適 用 分	㉓	8 9 9 4 2

(注1) ⑧・⑨及び⑲欄は、一般課税により申告する場合で、課税売上割合が95％未満、かつ 特定課税仕入れがある事業者のみ記載します。
(注2) ㉑～㉓欄が還付税額となる場合はマイナス「-」を付してください。

第4-(3)号様式

付表4－1　税率別消費税額計算表兼地方消費税の課税標準となる消費税額計算表

簡　易

課　税　期　間	平成31・1・1～令和元・12・31	氏名又は名称	○○株式会社

区　　　　分	旧税率分小計 X	税率6.24 %適用分 D	税率7.8 %適用分 E	合　　計　　F (X＋D＋E)
課　税　標　準　額　①	(付表4-2の①X欄の金額) 円 21,326 000	円 4,442 000	円 2,617 000	※第二表の①欄へ 円 28,385 000
課税資産の譲渡等の対価の額 ①-1	(付表4-2の①-1X欄の金額) 21,326,851	※第二表の⑤欄へ 4,442,592	※第二表の⑥欄へ 2,617,272	※第二表の⑦欄へ 28,386,715
消　　費　　税　　額　②	(付表4-2の②X欄の金額) 1,343,538	※付表5-1の①D欄へ ※第二表の⑮欄へ 277,180	※付表5-1の①E欄へ ※第二表の⑯欄へ 204,126	※付表5-1の①F欄へ ※第二表の⑪欄へ 1,824,844
貸倒回収に係る消費税額 ③	(付表4-2の③X欄の金額)	※付表5-1の②D欄へ	※付表5-1の②E欄へ	※付表5-1の②F欄へ ※第一表の③欄へ
控除税額 控除対象仕入税額 ④	(付表4-2の④X欄の金額) 1,004,177	(付表5-1の⑤D欄又は㉗D欄の金額) 207,184	(付表5-1の⑤E欄又は㉗E欄の金額) 152,580	(付表5-1の⑤F欄又は㉗F欄の金額) ※第一表の④欄へ 1,363,941
返還等対価に係る税額 ⑤	(付表4-2の⑤X欄の金額) 88,316	※付表5-1の③D欄へ 18,199	※付表5-1の③E欄へ 13,401	※付表5-1の③F欄へ ※第二表の⑰欄へ 119,916
貸倒れに係る税額 ⑥	(付表4-2の⑥X欄の金額) 32,666			※第一表の⑥欄へ 32,666
控除税額小計 (④＋⑤＋⑥) ⑦	(付表4-2の⑦X欄の金額) 1,125,159	225,383	165,981	※第一表の⑦欄へ 1,516,523
控除不足還付税額 (⑦－②－③) ⑧	(付表4-2の⑧X欄の金額)	※⑪E欄へ	※⑪E欄へ	
差　引　税　額 (②＋③－⑦) ⑨	(付表4-2の⑨X欄の金額) 218,379	※⑫E欄へ 51,797	※⑫E欄へ 38,145	308,321
合計差引税額 (⑨－⑧) ⑩				※マイナスの場合は第一表の⑧欄へ ※プラスの場合は第一表の⑨欄へ 308,321
地方消費税の課税標準となる消費税額 控除不足還付税額 ⑪	(付表4-2の⑪X欄の金額)		(⑧D欄と⑧E欄の合計金額)	
差　引　税　額 ⑫	(付表4-2の⑫X欄の金額) 218,379		(⑨D欄と⑨E欄の合計金額) 89,942	308,321
合計差引地方消費税の課税標準となる消費税額 (⑫－⑪) ⑬	(付表4-2の⑬X欄の金額) 218,379		※第二表の㉓欄へ 89,942	※マイナスの場合は第一表の⑰欄へ ※プラスの場合は第一表の⑱欄へ ※第二表の㉖欄へ 308,321
譲渡割額 還　付　額 ⑭	(付表4-2の⑭X欄の金額)		(⑪E欄×22/78)	
納　税　額 ⑮	(付表4-2の⑮X欄の金額) 58,927		(⑫E欄×22/78) 25,368	84,295
合計差引譲渡割額 (⑮－⑭) ⑯				※マイナスの場合は第一表の㉑欄へ ※プラスの場合は第一表の㉒欄へ 84,295

注意　1　金額の計算においては、1円未満の端数を切り捨てる。
　　　2　旧税率が適用された取引がある場合は、付表4-2を作成してから当該付表を作成する。

(R1.10.1以後終了課税期間用)

付表4−2　税率別消費税額計算表　兼　地方消費税の課税標準となる消費税額計算表
〔経過措置対象課税資産の譲渡等を含む課税期間用〕

簡　易

課　税　期　間	平成31・1・1～令和元・12・31	氏 名 又 は 名 称	○○株式会社

区　　　　　分		税率3%適用分 A	税率4%適用分 B	税率6.3%適用分 C	旧税率分小計 X (A+B+C)
課　税　標　準　額	①	円 000	円 000	21,326 000円	※付表4-1の①X欄へ 21,326 000円
課税資産の譲渡等の対価の額	①-1	※第二表の②欄へ	※第二表の③欄へ	※第二表の④欄へ 21,326,851	※付表4-1の①-1X欄へ 21,326,851
消　費　税　額	②	※付表5-2の①A欄へ ※第二表の⑫欄へ	※付表5-2の①B欄へ ※第二表の⑬欄へ	※付表5-2の①C欄へ ※第二表の⑭欄へ 1,343,538	※付表4-1の②X欄へ 1,343,538
貸倒回収に係る消費税額	③	※付表5-2の②A欄へ	※付表5-2の②B欄へ	※付表5-2の②C欄へ	※付表4-1の③X欄へ
控除税額	控除対象仕入税額	④	(付表5-2の⑤A欄又は㉒A欄の金額)	(付表5-2の⑤B欄又は㉒B欄の金額)	(付表5-2の⑤C欄又は㉒C欄の金額) 1,004,177	※付表4-1の④X欄へ 1,004,177
	返還等対価に係る税額	⑤	※付表5-2の③A欄へ	※付表5-2の③B欄へ	※付表5-2の③C欄へ 88,316	※付表4-1の⑤X欄へ 88,316
	貸倒れに係る税額	⑥			32,666	※付表4-1の⑥X欄へ 32,666
	控除税額小計 (④+⑤+⑥)	⑦			1,125,159	※付表4-1の⑦X欄へ 1,125,159
控除不足還付税額 (⑦-②-③)	⑧		※⑪B欄へ	※⑪C欄へ	※付表4-1の⑧X欄へ
差　引　税　額 (②+③-⑦)	⑨		※⑫B欄へ	※⑫C欄へ 218,379	※付表4-1の⑨X欄へ 218,379
合　計　差　引　税　額 (⑨-⑧)	⑩				
地方消費税の課税標準となる消費税額	控除不足還付税額	⑪		(⑧B欄の金額)	(⑧C欄の金額)	※付表4-1の⑪X欄へ
	差　引　税　額	⑫		(⑨B欄の金額)	(⑨C欄の金額) 218,379	※付表4-1の⑫X欄へ 218,379
合計差引地方消費税の課税標準となる消費税額 (⑫-⑪)	⑬		※第二表の㉑欄へ	※第二表の㉒欄へ 218,379	※付表4-1の⑬X欄へ 218,379
譲渡割額	還　付　額	⑭		(⑪B欄×25/100)	(⑪C欄×17/63)	※付表4-1の⑭X欄へ
	納　税　額	⑮		(⑫B欄×25/100)	(⑫C欄×17/63) 58,927	※付表4-1の⑮X欄へ 58,927
合計差引譲渡割額 (⑮-⑭)	⑯				

注意　1　金額の計算においては、1円未満の端数を切り捨てる。
　　　2　旧税率が適用された取引がある場合は、当該付表を作成してから付表4-1を作成する。

(R1.10.1以後終了課税期間用)

付表5-1　控除対象仕入税額等の計算表

| | 簡　易 |

| 課　税　期　間 | 平成31・1・1～令和元・12・31 | 氏名又は名称 | ○○株式会社 |

I　控除対象仕入税額の計算の基礎となる消費税額

項　目		旧税率分小計 X	税率6.24%適用分 D	税率7.8%適用分 E	合計F (X＋D＋E)
課税標準額に対する消費税額	①	(付表5-2の①X欄の金額) 円 1,343,538	(付表4-1の②D欄の金額) 円 277,180	(付表4-1の②E欄の金額) 円 204,126	(付表4-1の②F欄の金額) 円 1,824,844
貸倒回収に係る消費税額	②	(付表5-2の②X欄の金額)	(付表4-1の③D欄の金額)	(付表4-1の③E欄の金額)	(付表4-1の③F欄の金額)
売上対価の返還等に係る消費税額	③	(付表5-2の③X欄の金額) 88,316	(付表4-1の⑤D欄の金額) 18,199	(付表4-1の⑤E欄の金額) 13,401	(付表4-1の⑤F欄の金額) 119,916
控除対象仕入税額の計算の基礎となる消費税額 (①＋②－③)	④	1,255,222	258,981	190,725	1,704,928

II　1種類の事業の専業者の場合の控除対象仕入税額

項　目		旧税率分小計 X	税率6.24%適用分 D	税率7.8%適用分 E	合計F (X＋D＋E)
④ × みなし仕入率 (90%・80%・70%・60%・50%・40%)	⑤	(付表5-2の⑤X欄の金額) 円	※付表4-1の④D欄へ 円	※付表4-1の④E欄へ 円	※付表4-1の④F欄へ 円

III　2種類以上の事業を営む事業者の場合の控除対象仕入税額
(1)　事業区分別の課税売上高(税抜き)の明細

項　目		旧税率分小計 X	税率6.24%適用分 D	税率7.8%適用分 E	合計F (X＋D＋E)	売上割合
事業区分別の合計額	⑥	(付表5-2の⑥X欄の金額) 円 19,925,000	円 4,150,926	円 2,445,454	円 26,521,380	
第一種事業 (卸売業)	⑦	(付表5-2の⑦X欄の金額)			※第一表「事業区分」欄へ	%
第二種事業 (小売業等)	⑧	(付表5-2の⑧X欄の金額) 15,855,556	4,150,926	1,649,091	21,655,573	81.6
第三種事業 (製造業等)	⑨	(付表5-2の⑨X欄の金額)				
第四種事業 (その他)	⑩	(付表5-2の⑩X欄の金額) 4,069,444	0	796,364	4,865,808	18.3
第五種事業 (サービス業等)	⑪	(付表5-2の⑪X欄の金額)				
第六種事業 (不動産業)	⑫	(付表5-2の⑫X欄の金額)				

(2)　(1)の事業区分別の課税売上高に係る消費税額の明細

項　目		旧税率分小計 X	税率6.24%適用分 D	税率7.8%適用分 E	合計F (X＋D＋E)
事業区分別の合計額	⑬	(付表5-2の⑬X欄の金額) 円 1,255,275	円 259,018	円 190,745	円 1,705,038
第一種事業 (卸売業)	⑭	(付表5-2の⑭X欄の金額)			
第二種事業 (小売業等)	⑮	(付表5-2の⑮X欄の金額) 998,900	259,018	128,629	1,386,547
第三種事業 (製造業等)	⑯	(付表5-2の⑯X欄の金額)			
第四種事業 (その他)	⑰	(付表5-2の⑰X欄の金額) 256,375	0	62,116	318,491
第五種事業 (サービス業等)	⑱	(付表5-2の⑱X欄の金額)			
第六種事業 (不動産業)	⑲	(付表5-2の⑲X欄の金額)			

注意　1　金額の計算においては、1円未満の端数を切り捨てる。
　　　2　旧税率が適用された取引がある場合は、付表5-2を作成してから当該付表を作成する。
　　　3　課税売上げにつき返品を受け又は値引き・割戻しをした金額（売上対価の返還等の金額）があり、売上（収入）金額から減算しない方法で経理して経費に含めている場合には、⑥から⑫欄には売上対価の返還等の金額（税抜き）を控除した後の金額を記載する。

　(R1.10.1以後終了課税期間用)

(3) 控除対象仕入税額の計算式区分の明細

イ 原則計算を適用する場合

控 除 対 象 仕 入 税 額 の 計 算 式 区 分	旧税率分小計 X	税率6.24%適用分 D	税率7.8%適用分 E	合計F (X＋D＋E)
④ × みなし仕入率 (⑭×90%＋⑮×80%＋⑯×70%＋⑰×60%＋⑱×50%＋⑲×40%)/⑬ ⑳	(付表5-2の㉑X欄の金額) 円 952,904	円 207,184	円 140,157	円 1,300,245

ロ 特例計算を適用する場合

(イ) 1種類の事業で75%以上

控 除 対 象 仕 入 税 額 の 計 算 式 区 分	旧税率分小計 X	税率6.24%適用分 D	税率7.8%適用分 E	合計F (X＋D＋E)
(⑦F／⑥F・⑧F／⑥F・⑨F／⑥F・⑩F／⑥F・⑪F／⑥F・⑫F／⑥F) ≧ 75% ④×みなし仕入率(90%・80%・70%・60%・50%・40%) ㉑	(付表5-2の㉒X欄の金額) 円 1,004,177	円 207,184	円 152,580	円 1,363,941

(ロ) 2種類の事業で75%以上

控 除 対 象 仕 入 税 額 の 計 算 式 区 分		旧税率分小計 X	税率6.24%適用分 D	税率7.8%適用分 E	合計F (X＋D＋E)
第一種事業及び第二種事業 (⑦F＋⑧F)／⑥F ≧ 75%	④× (⑭×90%＋(⑬－⑭)×80%)/⑬ ㉒	(付表5-2の㉓X欄の金額)	円	円	円
第一種事業及び第三種事業 (⑦F＋⑨F)／⑥F ≧ 75%	④× (⑭×90%＋(⑬－⑭)×70%)/⑬ ㉓	(付表5-2の㉔X欄の金額)			
第一種事業及び第四種事業 (⑦F＋⑩F)／⑥F ≧ 75%	④× (⑭×90%＋(⑬－⑭)×60%)/⑬ ㉔	(付表5-2の㉕X欄の金額)			
第一種事業及び第五種事業 (⑦F＋⑪F)／⑥F ≧ 75%	④× (⑭×90%＋(⑬－⑭)×50%)/⑬ ㉕	(付表5-2の㉖X欄の金額)			
第一種事業及び第六種事業 (⑦F＋⑫F)／⑥F ≧ 75%	④× (⑭×90%＋(⑬－⑭)×40%)/⑬ ㉖	(付表5-2の㉗X欄の金額)			
第二種事業及び第三種事業 (⑧F＋⑨F)／⑥F ≧ 75%	④× (⑮×80%＋(⑬－⑮)×70%)/⑬ ㉗	(付表5-2の㉘X欄の金額)			
第二種事業及び第四種事業 (⑧F＋⑩F)／⑥F ≧ 75%	④× (⑮×80%＋(⑬－⑮)×60%)/⑬ ㉘	(付表5-2の㉙X欄の金額) 952,904	207,184	140,157	1,300,245
第二種事業及び第五種事業 (⑧F＋⑪F)／⑥F ≧ 75%	④× (⑮×80%＋(⑬－⑮)×50%)/⑬ ㉙	(付表5-2の㉚X欄の金額)			
第二種事業及び第六種事業 (⑧F＋⑫F)／⑥F ≧ 75%	④× (⑮×80%＋(⑬－⑮)×40%)/⑬ ㉚	(付表5-2の㉛X欄の金額)			
第三種事業及び第四種事業 (⑨F＋⑩F)／⑥F ≧ 75%	④× (⑯×70%＋(⑬－⑯)×60%)/⑬ ㉛	(付表5-2の㉜X欄の金額)			
第三種事業及び第五種事業 (⑨F＋⑪F)／⑥F ≧ 75%	④× (⑯×70%＋(⑬－⑯)×50%)/⑬ ㉜	(付表5-2の㉝X欄の金額)			
第三種事業及び第六種事業 (⑨F＋⑫F)／⑥F ≧ 75%	④× (⑯×70%＋(⑬－⑯)×40%)/⑬ ㉝	(付表5-2の㉞X欄の金額)			
第四種事業及び第五種事業 (⑩F＋⑪F)／⑥F ≧ 75%	④× (⑰×60%＋(⑬－⑰)×50%)/⑬ ㉞	(付表5-2の㉟X欄の金額)			
第四種事業及び第六種事業 (⑩F＋⑫F)／⑥F ≧ 75%	④× (⑰×60%＋(⑬－⑰)×40%)/⑬ ㉟	(付表5-2の㊱X欄の金額)			
第五種事業及び第六種事業 (⑪F＋⑫F)／⑥F ≧ 75%	④× (⑱×50%＋(⑬－⑱)×40%)/⑬ ㊱	(付表5-2の㊲X欄の金額)			

ハ 上記の計算式区分から選択した控除対象仕入税額

項　　　　　目	旧税率分小計 X	税率6.24%適用分 D	税率7.8%適用分 E	合計F (X＋D＋E)
選 択 可 能 な 計 算 式 区 分 (⑳ ～ ㊱) の 内 か ら 選 択 し た 金 額 ㊲	(付表5-2の㊲X欄の金額) 円 1,004,177	※付表4-1の④D欄へ 円 207,184	※付表4-1の④E欄へ 円 152,580	※付表4-1の④F欄へ 円 1,363,941

注意 1 金額の計算においては、1円未満の端数を切り捨てる。
　　 2 旧税率が適用された取引がある場合は、付表5-2を作成してから当該付表を作成する。

(2／2)

第4-(8)号様式

付表5－2 控除対象仕入税額等の計算表
〔経過措置対象課税資産の譲渡等を含む課税期間用〕

簡易

課税期間	平成31・1・1～令和元・12・31	氏名又は名称	○○株式会社

Ⅰ 控除対象仕入税額の計算の基礎となる消費税額

項目		税率3％適用分 A	税率4％適用分 B	税率6.3％適用分 C	旧税率分小計 X (A＋B＋C)
課税標準額に対する消費税額	①	(付表4-2の②A欄の金額) 円	(付表4-2の②B欄の金額) 円	(付表4-2の②C欄の金額) 円 1,343,538	※付表5-1の①X欄へ 円 1,343,538
貸倒回収に係る消費税額	②	(付表4-2の③A欄の金額)	(付表4-2の③B欄の金額)	(付表4-2の③C欄の金額)	※付表5-1の②X欄へ
売上対価の返還等に係る消費税額	③	(付表4-2の⑤A欄の金額)	(付表4-2の⑤B欄の金額)	(付表4-2の⑤C欄の金額) 88,316	※付表5-1の③X欄へ 88,316
控除対象仕入税額の計算の基礎となる消費税額（①＋②－③）	④			1,255,222	※付表5-1の④X欄へ 1,255,222

Ⅱ 1種類の事業の専業者の場合の控除対象仕入税額

項目		税率3％適用分 A	税率4％適用分 B	税率6.3％適用分 C	旧税率分小計 X (A＋B＋C)
④ × みなし仕入率 (90%・80%・70%・60%・50%・40%)	⑤	※付表4-2の④A欄へ 円	※付表4-2の④B欄へ 円	※付表4-2の④C欄へ 円	※付表5-1の⑤X欄へ 円

Ⅲ 2種類以上の事業を営む事業者の場合の控除対象仕入税額
(1) 事業区分別の課税売上高（税抜き）の明細

項目		税率3％適用分 A	税率4％適用分 B	税率6.3％適用分 C	旧税率分小計 X (A＋B＋C)
事業区分別の合計額	⑥	円	円	19,925,000	※付表5-1の⑥X欄へ 19,925,000
第一種事業（卸売業）	⑦				※付表5-1の⑦X欄へ
第二種事業（小売業等）	⑧			15,855,556	※付表5-1の⑧X欄へ 15,855,556
第三種事業（製造業等）	⑨				※付表5-1の⑨X欄へ
第四種事業（その他）	⑩			4,069,444	※付表5-1の⑩X欄へ 4,069,444
第五種事業（サービス業等）	⑪				※付表5-1の⑪X欄へ
第六種事業（不動産業）	⑫				※付表5-1の⑫X欄へ

(2) (1)の事業区分別の課税売上高に係る消費税額の明細

項目		税率3％適用分 A	税率4％適用分 B	税率6.3％適用分 C	旧税率分小計 X (A＋B＋C)
事業区分別の合計額	⑬	円	円	1,255,275	※付表5-1の⑬X欄へ 1,255,275
第一種事業（卸売業）	⑭				※付表5-1の⑭X欄へ
第二種事業（小売業等）	⑮			998,900	※付表5-1の⑮X欄へ 998,900
第三種事業（製造業等）	⑯				※付表5-1の⑯X欄へ
第四種事業（その他）	⑰			256,375	※付表5-1の⑰X欄へ 256,375
第五種事業（サービス業等）	⑱				※付表5-1の⑱X欄へ
第六種事業（不動産業）	⑲				※付表5-1の⑲X欄へ

注意 1 金額の計算においては、1円未満の端数を切り捨てる。
　　 2 旧税率が適用された取引がある場合は、当該付表を作成してから付表5-1を作成する。
　　 3 課税売上げにつき返品を受け又は値引き・割戻しをした金額（売上対価の返還等の金額）があり、売上（収入）金額から減算しない方法で経理して経費に含めている場合には、⑥から⑫欄には売上対価の返還等の金額（税抜き）を控除した後の金額を記載する。

(1／2)

(R1.10.1以後終了課税期間用)

(3) 控除対象仕入税額の計算式区分の明細

イ 原則計算を適用する場合

控 除 対 象 仕 入 税 額 の 計 算 式 区 分		税率3％適用分 A	税率4％適用分 B	税率6.3％適用分 C	旧税率分小計　X （A＋B＋C）
④ × みなし仕入率 $\frac{⑭×90\%＋⑮×80\%＋⑯×70\%＋⑰×60\%＋⑱×50\%＋⑲×40\%}{⑬}$	⑳	円	円	952,904	952,904

ロ 特例計算を適用する場合

(イ) 1種類の事業で75％以上

控 除 対 象 仕 入 税 額 の 計 算 式 区 分 （各項のF欄については付表5-1のF欄を参照のこと）		税率3％適用分 A	税率4％適用分 B	税率6.3％適用分 C	旧税率分小計　X （A＋B＋C）
(⑦F・⑧F・⑨F・⑩F・⑪F・⑫F)／⑥F≧75% ④×みなし仕入率(90%・80%・70%・60%・50%・40%)	㉑	円	円	1,004,177	※付表5-1の㉕X欄へ 1,004,177

(ロ) 2種類の事業で75％以上

控 除 対 象 仕 入 税 額 の 計 算 式 区 分 （各項のF欄については付表5-1のF欄を参照のこと）		税率3％適用分 A	税率4％適用分 B	税率6.3％適用分 C	旧税率分小計　X （A＋B＋C）
第一種事業及び第二種事業 (⑦F＋⑧F)／⑥F≧75%　④×$\frac{⑭×90\%＋(⑬－⑭)×80\%}{⑬}$	㉒	円	円		※付表5-1の㉖X欄へ
第一種事業及び第三種事業 (⑦F＋⑨F)／⑥F≧75%　④×$\frac{⑭×90\%＋(⑬－⑭)×70\%}{⑬}$	㉓				※付表5-1の㉖X欄へ
第一種事業及び第四種事業 (⑦F＋⑩F)／⑥F≧75%　④×$\frac{⑭×90\%＋(⑬－⑭)×60\%}{⑬}$	㉔				※付表5-1の㉖X欄へ
第一種事業及び第五種事業 (⑦F＋⑪F)／⑥F≧75%　④×$\frac{⑭×90\%＋(⑬－⑭)×50\%}{⑬}$	㉕				※付表5-1の㉖X欄へ
第一種事業及び第六種事業 (⑦F＋⑫F)／⑥F≧75%　④×$\frac{⑭×90\%＋(⑬－⑭)×40\%}{⑬}$	㉖				※付表5-1の㉖X欄へ
第二種事業及び第三種事業 (⑧F＋⑨F)／⑥F≧75%　④×$\frac{⑮×80\%＋(⑬－⑮)×70\%}{⑬}$	㉗				※付表5-1の㉗X欄へ
第二種事業及び第四種事業 (⑧F＋⑩F)／⑥F≧75%　④×$\frac{⑮×80\%＋(⑬－⑮)×60\%}{⑬}$	㉘			952,904	※付表5-1の㉘X欄へ 952,904
第二種事業及び第五種事業 (⑧F＋⑪F)／⑥F≧75%　④×$\frac{⑮×80\%＋(⑬－⑮)×50\%}{⑬}$	㉙				※付表5-1の㉙X欄へ
第二種事業及び第六種事業 (⑧F＋⑫F)／⑥F≧75%　④×$\frac{⑮×80\%＋(⑬－⑮)×40\%}{⑬}$	㉚				※付表5-1の㉚X欄へ
第三種事業及び第四種事業 (⑨F＋⑩F)／⑥F≧75%　④×$\frac{⑯×70\%＋(⑬－⑯)×60\%}{⑬}$	㉛				※付表5-1の㉛X欄へ
第三種事業及び第五種事業 (⑨F＋⑪F)／⑥F≧75%　④×$\frac{⑯×70\%＋(⑬－⑯)×50\%}{⑬}$	㉜				※付表5-1の㉜X欄へ
第三種事業及び第六種事業 (⑨F＋⑫F)／⑥F≧75%　④×$\frac{⑯×70\%＋(⑬－⑯)×40\%}{⑬}$	㉝				※付表5-1の㉝X欄へ
第四種事業及び第五種事業 (⑩F＋⑪F)／⑥F≧75%　④×$\frac{⑰×60\%＋(⑬－⑰)×50\%}{⑬}$	㉞				※付表5-1の㉞X欄へ
第四種事業及び第六種事業 (⑩F＋⑫F)／⑥F≧75%　④×$\frac{⑰×60\%＋(⑬－⑰)×40\%}{⑬}$	㉟				※付表5-1の㉟X欄へ
第五種事業及び第六種事業 (⑪F＋⑫F)／⑥F≧75%　④×$\frac{⑱×50\%＋(⑬－⑱)×40\%}{⑬}$	㊱				※付表5-1の㊱X欄へ

ハ 上記の計算式区分から選択した控除対象仕入税額

項　　目	税率3％適用分 A	税率4％適用分 B	税率6.3％適用分 C	旧税率分小計　X （A＋B＋C）
選択可能な計算式区分（⑳～㊱） の内から選択した金額　㊲	※付表4-2の④A欄へ　　円	※付表4-2の④B欄へ　　円	※付表4-2の④C欄へ　　円	※付表5-1の⑰X欄へ
			1,004,177	1,004,177

注意　1　金額の計算においては、1円未満の端数を切り捨てる。
　　　2　旧税率が適用された取引がある場合は、当該付表を作成してから付表5-1を作成する。

（2／2）

（R1.10.1以後終了課税期間用）

第5章

届出書式集

消費税の各種届出書
それぞれの書き方のポイントをおさえる

● おもな各種届け出

　事業者は、消費税法に定められている各種の届出等の要件に該当する事実が発生した場合や承認または許可を受ける必要が生じた場合には、提出期限までに、届出書を作成の上、納税地を所轄する税務署長に持参または送付する必要があります。手数料は不要です。

　どの届出書も、提出した履歴を残すために控えを含めて2部作成し、1部は文書収受印を受けて保管しておきます。なお、個人として提出する場合には、控えの方には個人番号（マイナンバー）の記載を省略するなどの対応が必要です。

　ここでは、届出、承認及び許可が必要とされているおもな書類を見ていきましょう。

書式1　消費税課税事業者届出書（基準期間用）

① **提出が必要になるとき**

　基準期間における課税売上高が1,000万円を超えた場合に提出する必要があります。基準期間の翌々事業年度（個人の場合は翌々年）から課税事業者となります。基準期間については23ページで説明しています。

② **提出期限**

　課税売上高が1,000万円を超えた場合に、その事業年度（個人の場合はその年）終了後速やかに提出する必要があります。

③ **留意事項**

　相続、合併または分割等があったことにより課税事業者となる

場合には、「相続・合併・分割等があったことにより課税事業者となる場合の付表」を添付する必要があります。

　また、基準期間が1年に満たない法人の場合は、その事業年度の課税売上高を年換算して1,000万円を超えたかどうかを判断します。具体的には、その期間中の課税資産の譲渡等の対価の額の合計額をその期間の月数で割って、これを12倍した金額が1,000万円を超えたかどうかが判断の基準となります。個人の場合は、年の途中で事業を開始した場合でも年換算は行いません。

書式2　消費税課税事業者届出書（特定期間用）

①　提出が必要になるとき

　基準期間における課税売上高が1,000万円以下である事業者が、特定期間における課税売上高が1,000万円を超えた場合に提出する必要があります。なお、課税売上高に代えて給与等支払額の合計額により判定することもできるため、実務上は課税売上高または給与等支払額の合計額が1,000万円を超えた場合に提出が必要となります。

　特定期間を含む事業年度（個人の場合は年）の翌事業年度（個人の場合は翌年）から課税事業者となります。特定期間については25ページで説明しています。

②　提出期限

　課税売上高が1,000万円を超えた場合に、その事業年度（個人の場合は6月）終了後速やかに提出する必要があります。

③　留意事項

　相続、合併または分割等があった場合において、特定期間における課税売上高（または給与等支払額の合計額）による納税義務の有無の判定を行う必要はありません。

書式3　消費税の納税義務者でなくなった旨の届出書

①　提出が必要になるとき

　基準期間における課税売上高が1,000万円以下となったことにより免税事業者となる場合に提出する必要があります。

②　提出期限

　課税売上高が1,000万円以下となり免税事業者となる場合に、その事業年度（個人の場合はその年）終了後速やかに提出する必要があります。

③　留意事項

　この届出書を提出した場合であっても、特定期間における課税売上高が1,000万円を超えた場合、課税事業者となります。また、高額特定資産の仕入れ等を行った場合における消費税法12条の4第1項の規定が適用される期間については、課税事業者となります。

書式4　消費税簡易課税制度選択届出書

①　提出が必要になるとき

　簡易課税制度を選択しようとする場合に提出する必要があります。
　簡易課税制度については56 ～ 60ページで説明しています。

②　提出期限

　簡易課税制度の適用を受けようとする課税期間の初日の前日まで（事業を開始した日の属する課税期間である場合には、その課税期間中）に提出する必要があります。ただし、高額特定資産の仕入れ等をした場合には、この届出書を提出できない場合があります（書式11参照）。

③　留意事項

　令和元年10月1日から令和2年9月30日までの日の属する課税期間において、課税仕入れ等（税込み）を税率ごとに区分して合計することにつき困難な事情がある事業者は、経過措置として、

簡易課税制度の適用を受けようとする課税期間の末日までにこの届出書を提出すれば、届出書を提出した課税期間から簡易課税制度の適用を受けることができます。

書式5　消費税簡易課税制度選択不適用届出書

①　提出が必要になるとき

簡易課税制度の選択をやめる場合、または事業を廃止した場合に提出する必要があります。

②　提出期限

簡易課税制度の適用をやめようとする課税期間の初日の前日までに提出する必要があります。

③　留意事項

事業を廃止した場合を除き、消費税簡易課税制度の適用を受けた日の属する課税期間の初日から2年を経過する日の属する課税期間の初日以後でなければ、この届出書を提出することはできません。これは、簡易課税制度は2年間継続した後でないと適用をやめることができないためです。

書式6　消費税課税事業者選択届出書

①　提出が必要になるとき

免税事業者が課税事業者になることを選択する場合に提出する必要があります。

②　提出期限

新規開業した事業者等は、その開業した課税期間の末日までに、それ以外の事業者等は、課税事業者としての対象とする課税期間の初日の前日までに提出する必要があります。

③　留意事項

新規開業でない場合には、この届出書の提出期限が課税期間の

初日の前日、つまり前事業年度末（個人の場合は前年末）までであるため、その課税期間中に消費税の還付が見込まれ、かつ還付を受けたい場合には、あらかじめ前事業年度末（個人の場合は前年末）までに提出する必要があります。

書式7　消費税課税事業者選択不適用届出書

①　提出が必要になるとき

課税事業者を選択していた事業者が選択をやめよう（免税事業者に戻ろう）とする場合、または事業を廃止した場合に提出する必要があります。なお、この届出書を提出した場合であっても、特定期間における課税売上高が1,000万円を超えた場合、課税事業者となります。

②　提出期限

免税事業者に戻ろうとする課税期間の初日の前日までに提出する必要があります。

③　留意事項

事業を廃止した場合を除き、消費税課税事業者選択届出書を提出して課税事業者となった課税期間の初日から2年を経過する日の属する課税期間の初日以後でなければ、この届出書を提出することはできません。また、調整対象固定資産を購入した場合（書式11参照）にも、この届出書を提出できない場合があります。

また、82〜87ページで説明したとおり、インボイス制度が導入される令和5年10月以降は、免税事業者となった場合には適格請求書等が発行できなくなることに留意が必要です。

書式8　消費税課税期間特例選択・変更届出書

①　提出が必要になるとき

課税期間の特例の適用を受ける場合または変更しようとする場

合に提出する必要があります。ここで特例とは、消費税の申告・納付を事業年度（個人の場合は年）ごとではなく、3か月または1か月単位の期間で行うことができる制度です。

②　提出期限

課税期間の特例の適用を受けるまたは変更しようとする期間の初日の前日まで（事業を開始した日の属する期間である場合には、その期間中）に提出する必要があります。

③　留意事項

年または事業年度の途中でこの適用を受けた場合には、課税期間の初日から適用開始の日の前日までの期間については、これを一課税期間とみなして確定申告等を行うことになります。

3か月ごとの課税期間特例を適用している事業者が1か月ごとの特例へ変更する場合は、課税期間の初日から変更後の課税期間の前日までの期間については、これを一課税期間とみなして確定申告等を行うことになります。

書式9　消費税課税期間特例選択不適用届出書

①　提出が必要になるとき

課税期間の特例の適用をやめる場合、または事業を廃止した場合に提出する必要があります。

②　提出期限

課税期間の特例の適用をやめようとする期間の初日の前日までに提出する必要があります。

③　留意事項

事業を廃止した場合を除き、消費税課税期間特例の適用を受けた日の属する課税期間の初日から2年を経過する日の属する課税期間の初日以後でなければ、この届出書を提出することはできません。

書式10　消費税の新設法人に該当する旨の届出書

①　提出が必要になるとき

　消費税の新設法人（基準期間がない事業年度の開始の日における資本金の額または出資の金額が1,000万円以上である法人）に該当することとなった場合に提出する必要があります。ただし、法人設立届出書に消費税の新設法人に該当する旨及び所定の記載事項を記載して提出した場合には、この届出書の提出は不要です。

②　提出期限

　消費税の新設法人に該当することとなった場合に速やかに提出する必要があります。

③　留意事項

　消費税の新設法人に該当する法人については、基準期間の課税売上高を計算できる課税期間（一般的には、設立第3期目）からは、原則として基準期間の課税売上高により納税義務の有無を判定することとなります。

　したがって、この届出書を提出した場合でも、設立第3期目以降において課税事業者となる場合または課税事業者となることを選択しようとする場合には、改めて「消費税課税事業者届出書（基準期間用）」（書式1）もしくは「消費税課税事業者届出書（特定期間用）」（書式2）または「消費税課税事業者選択届出書」（書式6）を提出する必要があります。

　ただし、基準期間のない課税期間（簡易課税制度の適用を受けている課税期間を除く）において調整対象固定資産の課税仕入れ等を行った場合には、その課税仕入れ等の日の属する課税期間の初日から3年を経過する日の属する課税期間までの各課税期間については納税義務の免除の規定の適用はありません。この場合、この間は一般課税による申告を行うこととなります。

書式11　高額特定資産の取得に係る課税事業者である旨の届出書

①　提出が必要になるとき

　高額特定資産の仕入れ等を行ったことにより消費税法12条の4第1項の適用を受ける事業者が、その適用を受ける課税期間の基準期間における課税売上高が1,000万円以下となった場合に提出する必要があります。当該高額特定資産の仕入れ等を行った日の属する課税期間の翌期及び翌々期の課税期間は課税事業者となり、また簡易課税制度も適用できなくなります。高額特定資産については31〜32ページで説明しています。

②　提出期限

　高額特定資産の仕入れ等を行ったことにより消費税法12条の4第1項の適用を受ける課税期間の基準期間における課税売上高が1,000万円以下となった場合に速やかに提出する必要があります。

③　留意事項

　高額特定資産が自己建設高額特定資産（他の者との契約に基づき、または事業者の棚卸資産もしくは調整対象固定資産として自ら建設等をした資産）に該当する場合には、当該自己建設高額特定資産の建設等に要した仕入れ等の対価の額（事業者免税点制度及び簡易課税制度の適用を受けない課税期間中において行った原材料費または経費に関するものに限り、消費税相当額を除きます）の累計額が1,000万円以上となった日の属する課税期間の翌課税期間から、当該自己建設高額特定資産の建設等が完了した日の属する課税期間の初日以後3年を経過する日の属する課税期間までは、納税義務が免除されません。

書式12　任意の中間申告書を提出する旨の届出書

①　提出が必要になるとき

　直前の課税期間の確定消費税額（地方消費税を含まない年税額）

が48万円以下であることにより、その6か月中間申告対象期間につき6か月中間申告書の提出を要しない事業者が、任意に6か月中間申告書を提出しようとする場合に提出する必要があります。

② **提出期限**

任意に6か月中間申告書を提出しようとする6か月中間申告対象期間の末日までに提出する必要があります。

③ **留意事項**

「6か月中間申告対象期間」とは、その課税期間（個人事業者にあっては事業を開始した日の属する課税期間、法人にあっては6か月を超えない課税期間及び新たに設立された法人のうち合併により設立されたもの以外のものの設立の日の属する課税期間を除きます）開始の日以後6か月の期間をいいます。

書式13　任意の中間申告書を提出することの取りやめ届出書

① **提出が必要なとき**

6か月中間申告書の提出を必要としない6か月中間対象期間について、任意に6か月中間申告書を提出することをやめようとする場合、または事業を廃止した場合に提出する必要があります。

② **提出期限**

任意に6か月中間申告書を提出することをやめようとする6か月中間申告対象期間の末日までに提出する必要があります。

③ **留意事項**

「6か月中間申告対象期間」とは、上記書式12のとおりです。

■ 消費税の各種届出書のまとめ ·······································

書式	届出書の名称	提出が必要なとき
書式 1	消費税課税事業者届出書（基準期間用）	基準期間の課税売上高が1,000万円超
書式 2	消費税課税事業者届出書（特定期間用）	特定期間の課税売上高または給与等支払額合計が1,000万円超
書式 3	消費税の納税義務者でなくなった旨の届出書	基準期間の課税売上高が1,000万円以下となり自ら進んで免税事業者になる場合
書式 4	消費税簡易課税制度選択届出書	簡易課税制度を適用する場合
書式 5	消費税簡易課税制度選択不適用届出書	簡易課税制度をやめる場合または事業を廃止した場合
書式 6	消費税課税事業者選択届出書	免税事業者が自ら進んで課税事業者になる場合
書式 7	消費税課税事業者選択不適用届出書	課税事業者をやめて免税事業者になる場合または事業を廃止した場合
書式 8	消費税課税期間特例選択・変更届出書	消費税の計算期間を短縮または変更する場合
書式 9	消費税課税期間特例選択不適用届出書	消費税の計算期間の短縮等をやめる場合または事業を廃止した場合
書式10	消費税の新設法人に該当する旨の届出書	基準期間がない事業年度の期首の資本金等の額が1,000万円以上の法人
書式11	高額特定資産の取得に係る課税事業者である旨の届出書	簡易課税制度の適用を受けない課税事業者が、高額特定資産の取得日の属する課税期間の基準期間における課税売上高が1,000万円以下となった場合
書式12	任意の中間申告書を提出する旨の届出書	任意の中間申告書を提出する旨の届出書 任意に6か月中間申告書を提出しようとする場合
書式13	任意の中間申告書を提出することの取りやめ届出書	任意の6か月中間申告書の提出をやめる場合または事業を廃止した場合

書式1　消費税課税事業者届出書（基準期間用）

第3−(1)号様式

基準期間用

消 費 税 課 税 事 業 者 届 出 書

収受印	（フリガナ）	トウキョウトシナガワク○○	
令和 元 年 7 月 5 日	納 税 地	（〒141−××××） 東京都品川区○○ 1−23−4 （電話番号　03−××××−×××× ）	
届	（フリガナ）	（〒　　−　　　）	
	住所又は居所 （法人の場合） 本 店 又 は 主たる事務所 の 所 在 地	同　上 （電話番号　　　−　　　−　　　）	
出	（フリガナ）	コメショクヒンカブシキガイシャ	
	名称（屋号）	コメ食品株式会社	
	個 人 番 号 又 は 法 人 番 号	↓ 個人番号の記載に当たっては、左端を空欄とし、ここから記載してください。 ○○○○○○○○○○○○○	
者	（フリガナ）	ヨネ ヤマ ハナ コ	
	氏 名 （法人の場合） 代表者氏名	米山　華子　　　　法人代表印	
	（フリガナ）	トウキョウトシブヤク○○	
品川 税務署長殿	（法人の場合） 代表者住所	東京都渋谷区○○2−34−5 （電話番号　03−××××−×××× ）	

　下記のとおり、基準期間における課税売上高が1,000万円を超えることとなったので、消費税法第57条第1項第1号の規定により届出します。

適用開始課税期間	自 平成 (令和) 元 年 7 月 1 日	至 平成 (令和) 2 年 6 月 30 日
上記期間の	自 平成 令和 29 年 7 月 1 日	左記期間の総売上高　14,872,543 円
基 準 期 間	至 平成 令和 30 年 6 月 30 日	左記期間の課税売上高　12,567,380 円

事業内容等	生年月日（個人）又は設立年月日（法人）	1明治・2大正・3昭和・④平成・5令和 25 年 7 月 11 日	法人のみ記載	事 業 年 度	自7月 1日 至 6月30日
				資 本 金	3,000,000 円
	事 業 内 容	食品製造業		届出区分	相続・合併・分割等・(その他)

参考事項		税理士署名押印	印 （電話番号　　　−　　　−　　　）

※税務署処理欄	整理番号		部門番号			
	届出年月日	年 月 日	入力処理	年 月 日	台帳整理	年 月 日
	番号確認	身元確認 □済 □未済	確認書類 個人番号カード／通知カード・運転免許証 その他（　　　　　）			

注意　1．裏面の記載要領等に留意の上、記載してください。
　　　2．税務署処理欄は、記載しないでください。

書式2　消費税課税事業者届出書（特定期間用）

第3-(2)号様式

特定期間用

消費税課税事業者届出書

収受印

令和 元 年 5 月10日	届出者	（フリガナ） 納税地	トウキョウトシナガワク○○ （〒141-××××） 東京都品川区○○1-3-1 （電話番号　03-××××-××××　）
		（フリガナ） 住所又は居所 （法人の場合） 本店又は 主たる事務所 の所在地	（〒　-　） 同　上 （電話番号　-　-　）
		（フリガナ） 名称（屋号）	コメショウジカブシキガイシャ コメ商事株式会社
		個人番号 又は 法人番号	↓ 個人番号の記載に当たっては、左端を空欄とし、ここから記載してください。 ○○○○○○○○○○○○○
		（フリガナ） 氏名 （法人の場合） 代表者氏名	ヨネダ タロウ 米田　太郎　（法人代表印）
品川 税務署長殿		（フリガナ） （法人の場合） 代表者住所	トウキョウトシブヤク○○ 東京都渋谷区○○2-34-5 （電話番号　03-××××-××××　）

　下記のとおり、特定期間における課税売上高が1,000万円を超えることとなったので、消費税法第57条第1項第1号の規定により届出します。

適用開始課税期間	自 平成・令和 元 年 8 月 1 日　至 平成・令和 2 年 7 月 31 日		
上記期間の 特定期間	自 平成・令和 30年 8 月 1 日 至 平成・令和 31年 1 月 31 日	左記期間の 総売上高	13,789,520 円
		左記期間の 課税売上高	12,134,087 円
		左記期間の 給与等支払額	10,953,210 円
事業内容等	生年月日（個人）又は設立年月日（法人） 1明治・2大正・3昭和・④平成・5令和 27 年 2 月 6 日	法人のみ記載　事業年度　自8月1日　至7月31日 資本金　5,000,000 円	
	事業内容　食品卸売業		
参考事項		税理士署名押印　（電話番号　-　-　）　印	

※税務署処理欄	整理番号		部門番号				
	届出年月日	年　月　日	入力処理	年　月　日	台帳整理	年　月　日	
	番号確認	身元確認 □済 □未済	確認書類	個人番号カード／通知カード・運転免許証 その他（　　）			

注意　1. 裏面の記載要領等に留意の上、記載してください。
　　　2. 税務署処理欄は、記載しないでください。

書式3　消費税の納税義務者でなくなった旨の届出書

第5号様式

消費税の納税義務者でなくなった旨の届出書

収受印

令和 元 年 7 月24日	届出者	（フリガナ）	トウキョウトシナガワク○○
		納税地	（〒141-××××） 東京都品川区○○2-3-4 （電話番号　03 -××××-××××）
		（フリガナ）	カブシキガイシャヨネヤマショウテン　ヨネヤマ　ジロウ
品川 税務署長殿		氏名又は 名称及び 代表者氏名	株式会社米山商店　　米山　二郎　㊞
		個人番号 又は 法人番号	↓ 個人番号の記載に当たっては、左端を空欄とし、ここから記載してください。 ○○○○○○○○○○○○○

　下記のとおり、納税義務がなくなりましたので、消費税法第57条第1項第2号の規定により届出します。

①	この届出の適用 開始課税期間	自 平成/令和 2年 4月 1日	至 平成/令和 3年 3月 31日
②	①の基準期間	自 平成/令和 30年 4月 1日	至 平成/令和 31年 3月 31日
③	②の課税売上高		9,750,000 円

※1　この届出書を提出した場合であっても、特定期間（原則として、①の課税期間の前年の1月1日（法人の場合は前事業年度開始の日）から6か月間）の課税売上高が1千万円を超える場合には、①の課税期間の納税義務は免除されないこととなります。
　2　高額特定資産の仕入れ等を行った場合に、消費税法第12条の4第1項の適用がある課税期間については、当該課税期間の基準期間の課税売上高が1千万円以下となった場合であっても、その課税期間の納税義務は免除されないこととなります。
（詳しくは、裏面をご覧ください。）

納 税 義 務 者 と な っ た 日	平成/令和 26年 4月 1日
参　考　事　項	
税 理 士 署 名 押 印	印 （電話番号　　－　　　－　　　）

※税務署処理欄	整理番号		部門番号				
	届出年月日	年 月 日	入力処理	年 月 日	台帳整理	年 月 日	
	番号確認	身元確認 □済 □未済	確認書類	個人番号カード/通知カード・運転免許証 その他（　　　　）			

注意　1．裏面の記載要領等に留意の上、記載してください。
　　　2．税務署処理欄は、記載しないでください。

第１号様式

消 費 税 簡 易 課 税 制 度 選 択 届 出 書

※ この届出書を所得税法等の一部を改正する法律（平成二十八年法律第十五号）附則第四十条第一項の規定により提出しようとする場合には、令和元年七月一日以後提出することができます。

収受印

令和 元 年 ９ 月 12 日

品川 税務署長殿

届出者	（フリガナ）	トウキョウトシナガワク○○
	納 税 地	（〒141-××××） 東京都品川区○○2-3-2 （電話番号　03-××××-××××）
	（フリガナ）	ミドリカワゴウドウガイシャ　ゴウドウ ユキオ
	氏名又は 名称及び 代表者氏名	緑川合同会社　　合同　幸男　㊞(法人代表印)
	法 人 番 号	※個人の方は個人番号の記載は不要です。 ○○○○○○○○○○○○○

下記のとおり、消費税法第37条第１項に規定する簡易課税制度の適用を受けたいので、届出します。

☐ 所得税法等の一部を改正する法律（平成28年法律第15号）附則第40条第１項の規定により
消費税法第37条第１項に規定する簡易課税制度の適用を受けたいので、届出します。

①	適用開始課税期間	自 ~~平成~~令和 元 年 10 月 1 日	至 ~~平成~~令和 2 年 9 月 30 日	
②	①の基準期間	自 ~~平成~~令和 29 年 10 月 1 日	至 ~~平成~~令和 30 年 9 月 30 日	
③	②の課税売上高			36,578,951 円

事 業 内 容 等	（事業の内容）　観葉植物の販売	（事業区分） 第 2 種事業

提出要件の確認	次のイ、ロ又はハの場合に該当する （「はい」の場合のみ、イ、ロ又はハの項目を記載してください。）		はい ☐　いいえ ☑
	イ	消費税法第9条第4項の規定により課税事業者を選択している場合	課税事業者となった日　~~平成~~令和 年 月 日
			課税事業者となった日から2年を経過する日までの間に開始した各課税期間中に調整対象固定資産の課税仕入れ等を行っていない　はい ☐
	ロ	消費税法第12条の2第1項に規定する「新設法人」又は同法第12条の3第1項に規定する「特定新規設立法人」に該当する（該当していた）場合	設立年月日　~~平成~~令和 年 月 日
			基準期間がない事業年度に含まれる各課税期間中に調整対象固定資産の課税仕入れ等を行っていない　はい ☐
	ハ	A 消費税法第12条の4第1項に規定する「高額特定資産の仕入れ等」を行っている場合	仕入れ等を行った課税期間の初日　~~平成~~令和 年 月 日
			この届出による①の「適用開始課税期間」は、高額特定資産の仕入れ等を行った課税期間の初日から、同日以後3年を経過する日の属する課税期間までの各課税期間に該当しない　はい ☐
		（仕入れ等を行った資産が高額特定資産に該当する場合はこの欄を、自己建設高額特定資産に該当する場合は、B欄をそれぞれ記載してください。）	B 仕入れ等を行った課税期間の初日　~~平成~~令和 年 月 日
			建設等が完了した課税期間の初日　~~平成~~令和 年 月 日
			この届出による①の「適用開始課税期間」は、自己建設高額特定資産の建設等に要した仕入れ等に係る支払対価の額の累計額が1千万円以上となった課税期間の初日から、自己建設高額特定資産の建設等が完了した課税期間の初日以後3年を経過する日の属する課税期間までの各課税期間に該当しない　はい ☐

※ この届出書を提出した課税期間が、上記イ、ロ又はハに記載の各課税期間である場合、この届出書提出後、届出を行った課税期間中に調整対象固定資産の課税仕入れ等又は高額特定資産の仕入れ等を行うと、原則としてこの届出書の提出はなかったものとみなされます。詳しくは、裏面をご覧ください。

所得税法等の一部を改正する法律（平成28年法律第15号）（平成28年改正法）附則第40条第1項の規定による場合	次のニ又はホのうち、いずれか該当する項目を記載してください。	
	ニ	平成28年改正法附則第40条第1項に規定する「困難な事情のある場合」に該当する （ただし、上記イ又はロに記載の各課税期間中に調整対象固定資産の課税仕入れ等を行っている場合又はこの届出書を提出した課税期間を含む課税期間の各課税期間に該当する場合には、次の「ホ」により判定します。）　はい ☐
	ホ	平成28年改正法附則第40条第2項に規定する「著しく困難な事情があるとき」に該当する （該当する場合は、以下に「著しく困難な事情」を記載してください。）　はい ☐

参 考 事 項	
税 理 士 署 名 押 印	印　（電話番号　　-　　-　　）

※税務署処理欄	整理番号		部門番号			
	届出年月日	年 月 日	入力処理	年 月 日	台帳整理	年 月 日
	通信日付印 確認印	年 月 日	番号確認			

注意　1．裏面の記載要領等に留意の上、記載してください。
　　　2．税務署処理欄は、記載しないでください。

書式5　消費税簡易課税制度選択不適用届出書

消費税簡易課税制度選択不適用届出書

収受印

令和元年 8月 8日	届出者	（フリガナ）	トウキョウトシナガワク○○
		納 税 地	（〒141-××××） 東京都品川区○○6-4-1 （電話番号 03 -××××-××××）
		（フリガナ）	カブシキガイシャヘイセイケンセツ　ヘイセイ　ゴロウ
品川税務署長殿		氏 名 又 は 名 称 及 び 代 表 者 氏 名	株式会社平成建設　平成　五郎　㊞(法人代表印)
		法 人 番 号	※ 個人の方は個人番号の記載は不要です。 ○○○○○○○○○○○○○

下記のとおり、簡易課税制度をやめたいので、消費税法第37条第5項の規定により届出します。

①	この届出の適用開始課税期間	自 (平成)令和 元年 9月 1日	至 (平成)令和 2年 8月 31日
②	①の基準期間	自 (平成)令和 29年 9月 1日	至 (平成)令和 30年 8月 31日
③	②の課税売上高		30,054,632 円

簡易課税制度の適用開始日	(平成)令和 23 年 9月 1日
事業を廃止した場合の廃止した日	平成令和 年 月 日
	個人番号 ※ 事業を廃止した場合には記載してください。											
参 考 事 項	
税 理 士 署 名 押 印	印 （電話番号 - - ）

※税務署処理欄	整理番号		部門番号		
	届出年月日	年 月 日	入力処理	年 月 日	台帳整理 年 月 日
	通 信 日 付 印 年 月 日	確認印	番号確認	身元確認 □ 済 □ 未済	確認書類 個人番号カード/通知カード・運転免許証 その他（ ）

注意　1．裏面の記載要領等に留意の上、記載してください。
　　　2．税務署処理欄は、記載しないでください。

書式6　消費税課税事業者選択届出書

消費税課税事業者選択届出書

収受印

令和 元 年 9月10日	届 出 者	（フリガナ）	トウキョウトシナガワク○○
		納税地	（〒141-××××） 東京都品川区○○3-2-1 （電話番号　03-××××-××××）
		（フリガナ）	
		住所又は居所 （法人の場合） 本店又は 主たる事務所 の所在地	（〒　-　　） 同　上 （電話番号　-　-　）
		（フリガナ）	シンリンサンギョウ カブシキガイシャ
		名称（屋号）	森林産業株式会社
		個人番号 又は 法人番号	↓ 個人番号の記載に当たっては、左端を空欄とし、ここから記載してください。 ○○○○○○○○○○○○○
		（フリガナ）	ハヤシ シロウ
		氏名 （法人の場合） 代表者氏名	林　四郎　　　（法人代表印）
品川 税務署長殿		（フリガナ）	トウキョウトシブヤク○○
		（法人の場合） 代表者住所	東京都渋谷区○○5-4-3 （電話番号　03-××××-××××）

下記のとおり、納税義務の免除の規定の適用を受けないことについて、消費税法第9条第4項の規定により届出します。

適用開始課税期間	自 平成・令和 2 年 1 月 1 日	至 平成・令和 2 年 12 月 31 日		
上記期間の	自 平成・令和 30年 1 月 1 日	左記期間の総売上高		9,657,620 円
基準期間	至 平成・令和 30年12 月31 日	左記期間の課税売上高		9,632,230 円

事業内容等	生年月日（個人）又は設立年月日(法人)	1明治・2大正・3昭和・4平成・5令和 28 年 5 月 17 日	法人のみ記載	事業年度	自 1 月 1 日 至12月31日
				資本金	3,000,000 円
	事業内容	木材加工業	届出区分	事業開始・設立・相続・合併・分割・特別会計・その他	

参考事項		税理士署名押印	印 （電話番号　-　-　）

※税務署処理欄	整理番号		部門番号				
	届出年月日	年 月 日	入力処理	年 月 日	台帳整理	年 月 日	
	通信日付印 年 月 日	確認印	番号確認	身元確認 □済 □未済	確認書類	個人番号カード／通知カード・運転免許証 その他（　　）	

注意　1．裏面の記載要領等に留意の上、記載してください。
　　　2．税務署処理欄は、記載しないでください。

書式7　消費税課税事業者選択不適用届出書

第25号様式

消費税簡易課税制度選択不適用届出書

（収受印）

令和 元 年 9 月11日	届出者	（フリガナ）	トウキョウトシナガワク○○
		納　税　地	（〒141-××××） 東京都品川区○○3-5-8 （電話番号　03-××××-××××）
		（フリガナ）	ヤマダセッケイジムショ　　ヤマダ　タロウ
品川 税務署長殿		氏名又は 名称及び 代表者氏名	山田設計事務所　山田　太郎　　　　　㊞
		法　人　番　号	※ 個人の方は個人番号の記載は不要です。

　下記のとおり、簡易課税制度をやめたいので、消費税法第37条第5項の規定により届出します。

①	この届出の適用 開始課税期間	自 (平成)令和 2 年 1 月 1 日　至 (平成)令和 2 年 12 月 31 日
②	①の基準期間	自 (平成)令和 30 年 1 月 1 日　至 (平成)令和 30 年 12 月 31 日
③	②の課税売上高	7,788,999 円
	簡易課税制度の 適用開始日	(平成)令和 25 年 1 月 1 日
	事業を廃止した 場合の廃止した日	平成令和　　年　　月　　日 個人番号 ※ 事業を廃止した場合には記載 　してください。
	参考事項	
	税理士署名押印	㊞ （電話番号　　－　　－　　）

※ 税 務 署 処 理 欄	整理番号		部門番号				
	届出年月日	年 月 日	入力処理	年 月 日	台帳整理	年 月 日	
	通信日付印 年 月 日	確認印	番号確認	身元確認	□ 済 □ 未済	確認書類	個人番号カード/通知カード・運転免許証 その他（　　　　）

注意　1．裏面の記載要領等に留意の上、記載してください。
　　　2．税務署処理欄は、記載しないでください。

書式8　消費税課税期間特例選択・変更届出書

第13号様式

消費 税 課 税 期 間 特 例 　選 択 / 変 更　届 出 書

収受印

令和 元 年 10月 15日	届 出 者	（フリガナ）	トウキョウトシナガワク○○			
		納 税 地	（〒141-××××） 東京都品川区○○5-5-5 （電話番号　03-××××-××××）			
		（フリガナ）	アオヤマカブシキガイシャ　アカイ　ジロウ			
		氏 名 又 は 名 称 及 び 代 表 者 氏 名	青山園芸株式会社　赤井　次郎 （法人代表印）			
品川 税務署長殿		法 人 番 号	※ 個人の方は個人番号の記載は不要です。 ○○○○○○○○○○○○○			

下記のとおり、消費税法第19条第1項第3号、第3号の2、第4号又は第4号の2に規定する
課税期間に短縮又は変更したいので、届出します。

事 業 年 度	自	4月	1日		至	3月	31日

適 用 開 始 日 又 は 変 更 日	平成 （令和）	2年	4月	1日

	三月ごとの期間に短縮する場合	一月ごとの期間に短縮する場合				
		月	日 から	月	日 まで	
	4月 1日 から 6月30日 まで	月	日 から	月	日 まで	
適 用 又 は 変 更 後 の		月	日 から	月	日 まで	
	7月 1日 から 9月30日 まで	月	日 から	月	日 まで	
課 税 期 間		月	日 から	月	日 まで	
	10月 1日 から 12月31日 まで	月	日 から	月	日 まで	
		月	日 から	月	日 まで	
	1月 1日 から 3月31日 まで	月	日 から	月	日 まで	
		月	日 から	月	日 まで	

変 更 前 の 課 税 期 間 特 例 選択・変更届出書の提出日	平成 令和	年	月	日
変 更 前 の 課 税 期 間 特 例 の 適 用 開 始 日	平成 令和	年	月	日
参 　 考 　 事 　 項				
税 理 士 署 名 押 印		（電話番号　　－　　　　－　　　　）	印	

※ 税 務 署 処 理 欄	整理番号		部門番号		番号確認		
	届出年月日	年　月　日	入力処理	年　月　日	台帳整理	年　月　日	
	通信日付印	年　月　日	確認印				

注意　1．裏面の記載要領等に留意の上、記載してください。
　　　2．税務署処理欄は、記載しないでください。

書式9　消費税課税期間特例選択不適用届出書

第14号様式

消費税課税期間特例選択不適用届出書

令和 元年10月 8日	届出者	（フリガナ）	トウキョウトシナガワク○○									
		納税地	（〒141-××××）　東京都品川区○○6－6－1　（電話番号　03－××××－××××）									
		（フリガナ）	カブシキガイシャヘイワケンキュウジョ　ワダ　タイラ									
品川 税務署長殿		氏名又は名称及び代表者氏名	株式会社平和研究所　和田　平　（法人代表印）									
		法人番号	※ 個人の方は個人番号の記載は不要です。　○○○○○○○○○○○○○									

収受印

下記のとおり、課税期間の短縮の適用をやめたいので、消費税法第19条第3項の規定により届出します。

事 業 年 度	自	**1**月 **1**日	至	**12**月 **31**日
特 例 選 択 不 適 用 の 開 始 日	平成 ⓛ令和	**2**年	**1**月	**1**日

短 縮 の 適 用 を 受 け て い た 課 税 期 間	三月ごとの期間に短縮していた場合	一月ごとの期間に短縮していた場合			
	1月 **1**日 から **3**月**31**日 まで	月 日 から 月 日 まで			
		月 日 から 月 日 まで			
	4月 **1**日 から **6**月**30**日 まで	月 日 から 月 日 まで			
		月 日 から 月 日 まで			
	7月 **1**日 から **9**月**30**日 まで	月 日 から 月 日 まで			
		月 日 から 月 日 まで			
	10月 **1**日 から **12**月**31**日 まで	月 日 から 月 日 まで			
		月 日 から 月 日 まで			

選択・変更届出書の提出日	平成 令和	年	月	日
課税期間短縮・変更の適用開始日	平成 令和	年	月	日
事業を廃止した場合の廃止した日	平成 令和	年	月	日
	個人番号 ※ 事業を廃止した場合には記載してください。			
参 考 事 項				
税 理 士 署 名 押 印	（電話番号　－　－　）　　印			

※税務署処理欄	整理番号		部門番号			
	届出年月日	年 月 日	入力処理	年 月 日	台帳整理	年 月 日
	通信日付印 年 月 日	確認印	番号確認	身元確認 □ 済 □ 未済	確認書類 個人番号カード／通知カード・運転免許証 その他（　　）	

注意　1．裏面の記載要領等に留意の上、記載してください。
　　　2．税務署処理欄は、記載しないでください。

200

書式10　消費税の新設法人に該当する旨の届出書

第10・(2)号様式

消費税の新設法人に該当する旨の届出書

収受印

令和 元年 8月 7日	届 出 者	（フリガナ）	トウキョウトシナガワク〇〇
		納 税 地	（〒141-××××） 東京都品川区〇〇8-5-2 （電話番号　03-××××-××××　）
		（フリガナ）	
		本 店 又 は 主たる事務所 の 所 在 地	（〒　－　　） 同　上 （電話番号　　－　　－　　）
		（フリガナ）	レイワコウギョウカブシキガイシャ
		名 称	令和工業 株式会社
		法 人 番 号	〇〇〇〇〇〇〇〇〇〇〇〇〇
		（フリガナ）	ショウワ　タロウ
		代表者氏名	昭和　太郎　　　　　　　法人代表印
品川 税務署長殿		（フリガナ）	トウキョウトシブヤク〇〇
		代表者住所	東京都渋谷区〇〇2-10-3 （電話番号　03-××××-××××　）

　下記のとおり、消費税法第12条の2第1項の規定による新設法人に該当することとなったので、消費税法第57条第2項の規定により届出します。

消 費 税 の 新 設 法 人 に 該 当 す る こ と と な っ た 事 業 年 度 開 始 の 日	平成 令和　元年　　7月　　12日
上記の日における資本金の額又は出資の金額	20,000,000円

事業内容等	設 立 年 月 日	平成 令和　元年　　7月　　12日
	事 業 年 度	自　4月　1日　至　3月　31日
	事 業 内 容	

参 考 事 項	「消費税課税期間特例選択・変更届出書」の提出の有無【有（　・　・　）・無】

税理士署名押印	印 （電話番号　　－　　－　　）

※税務署処理欄	整理番号		部門番号		番号確認	
	届出年月日	年　月　日	入力処理	年　月　日	台帳整理	年　月　日

注意　1．裏面の記載要領等に留意の上、記載してください。
　　　2．税務署処理欄は、記載しないでください。

書式11　高額特定資産の取得に係る課税事業者である旨の届出書

第5 −(2)号様式

高額特定資産の取得に係る課税事業者である旨の届出書

収受印

届出者		（フリガナ）	トウキョウトシナガワク○○
	納税地	（〒141-××××）東京都品川区○○6−11−2	
			（電話番号　03-××××-××××）
	（フリガナ）	レイショウフドウサンカブシキガイシャ　レイショウ　タロウ	
	氏名又は名称及び代表者氏名	令昭不動産株式会社　令昭　太郎　㊞（法人代表印）	
品川 税務署長殿	法人番号	※ 個人の方は個人番号の記載は不要です。 ○○○○○○○○○○○○○	

令和 元 年 9月10日

　下記のとおり、消費税法第12条の４第１項の規定の適用を受ける課税期間の基準期間の課税売上高が1,000万円以下となったので、消費税法第57条第１項第２号の２の規定により届出します。

届出者の行う事業の内容	不動産の販売

この届出の適用対象課税期間	自 平成・令和 元 年 7 月 1 日　　至 平成・令和 2 年 6 月 30 日

※消費税法第12条の４第1項の規定が適用される課税期間で基準期間の課税売上高が1,000万円以下となった課税期間を記載してください。

上記課税期間の基準期間	自 平成・令和 29 年 7 月 1 日　至 平成・令和 30 年 6 月 30 日	左記期間の課税売上高	8,756,732 円

該当する資産の区分等 該当する資産の区分に応じて記載してください。	☑①高額特定資産（②に該当するものを除く）	高額特定資産の仕入れ等の日 平成・令和 元 年 9 月 10 日	高額特定資産の内容 棚卸資産（居住用建物）
	□②自己建設高額特定資産	自己建設高額特定資産の仕入れ等を行った場合に該当することとなった日 平成・令和　　年　　月　　日	
		建設等の完了予定時期 平成・令和　　年　　月　　日	自己建設高額特定資産の内容

参 考 事 項	

税理士署名押印	印 （電話番号　　−　　−　　）

※税務署処理欄	整理番号		部門番号		番号確認	
	届出年月日	年 月 日	入力処理	年 月 日	台帳整理	年 月 日

注意　1．裏面の記載要領等に留意の上、記載してください。
　　　2．税務署処理欄は、記載しないでください。

書式12　任意の中間申告書を提出する旨の届出書

第26-(2)号様式

任意の中間申告書を提出する旨の届出書

（収受印）

令和 元年 8月23日	届 出 者	（フリガナ）	トウキョウトシナガワク○○
		納　税　地	（〒141-××××） 東京都品川区○○6-8-2 （電話番号　　03-××××-××××　）
		（フリガナ）	
		住所又は居所 （法人の場合） 本 店 又 は 主たる事務所 の 所 在 地	（〒　　-　　　） 同　上 （電話番号　　-　　-　　）
		（フリガナ）	カブシキガイシャ セイワキカイ
		名称（屋号）	株式会社 成和機械
		法 人 番 号	※ 個人の方は個人番号の記載は不要です。 ○○○○○○○○○○○○○
		（フリガナ）	ナリタ　ハナコ
		氏　　名 （法人の場合） 代 表 者 氏 名	成田　花子　　　（法人代表印）
品川税務署長殿		（フリガナ）	トウキョウトシブヤク○○
		（法人の場合） 代表者住所	東京都渋谷区○○2-2-3 （電話番号　　03-××××-××××　）

　下記のとおり、中間申告書の提出を要しない中間申告対象期間につき、六月中間申告書を提出
したいので、消費税法第42条第8項の規定により届出します。

①	適 用 開 始 中 間 申 告 対 象 期 間	自 平成・令和 元年 5月 1日 至 平成・令和 元年 10月 31日	
②	①の中間申告対象期間 を 含 む 課 税 期 間	自 平成・令和 元年 5月 1日 至 平成・令和 2年 4月 30日	
③	②の直前の 課 税 期 間	自 平成・令和 30年 5月 1日 至 平成・令和 31年 4月 30日	④ ③の課税期間 に お け る 確定消費税額　　450,000 円
⑤	月　数　按　分 （④×6／③の月数）	225,000 円	

参 考 事 項		税理士 署　名 押　印	印 （電話番号　　-　　-　　）

※ 税 務 署 処 理 欄	整理番号		部門 番号		番号 確認		通 信 日 付 印 年　月　日	確 認 印
	申請年月日	年　月　日	入力処理	年　月　日		台帳整理	年　月　日	

注意　1．裏面の記載要領等に留意の上、記載してください。
　　　2．税務署処理欄は、記載しないでください。

書式13　任意の中間申告書を提出することの取りやめ届出書

第26-(3)号様式

任意の中間申告書を提出することの取りやめ届出書

取受印

令和 元年 7月 5日	届出者	（フリガナ）	トウキョウトシナガワク○○
		納　税　地	（〒 141-××××） 東京都品川区○○4-3-4 （電話番号　03-××××-×××× ）
		（フリガナ）	
		住所又は居所 （法人の場合） 本　店　又　は 主たる事務所 の所在地	（〒　　-　　　） 同　上 （電話番号　　-　　-　　）
		（フリガナ）	タイカショウギョウ カブシキガイシャ
		名称（屋号）	大化商業 株式会社
		法　人　番　号	※ 個人の方は個人番号の記載は不要です。 ○○○○○○○○○○○○○
		（フリガナ）	タイカ　サブロウ
		氏　　　名 （法人の場合） 代表者氏名	大化 三郎　（法人代表印）
品川 税務署長殿		（フリガナ）	トウキョウトシブヤク○○
		（法人の場合） 代表者住所	東京都渋谷区○○5-6-3 （電話番号　03-××××-×××× ）

　下記のとおり、消費税法第42条第8項の規定の適用を受けることを取りやめたいので、消費税法第42条第9項の規定により届出します。

①	この届出の適用開始 中間申告対象期間	自 平成・(令和) 31年 4月 1日　至 平成・(令和) 元年 9月30日
②	①の中間申告対象 期間を含む課税期間	自 (平成)・令和 31年 4月 1日　至 (平成)・令和 2年 3月31日
③	任意の中間申告書を提出する 旨の届出書の提出日	(平成)・令和　24年 7年 19日
④	③の届出書により適用 を受けることとした最初 の中間申告対象期間	自 (平成)・令和 24年 4月 1日　至 (平成)・令和 25年 9月30日

事業を廃止した日	平成 令和　　年　　月　　日
	個人番号 ※ 事業を廃止した場合には記載 してください。
参考事項	税理士 署　名 押　印　　　　　　　　印 （電話番号　　-　　-　　）

※税務署処理欄	整理番号		部門番号				
	届出年月日	年　月　日	入力処理	年　月　日	台帳整理	年　月　日	
	通信日付印 年　月　日	確認印	番号確認	身元確認 □済 □未済	確認書類	個人番号カード／通知カード・運転免許証 その他（　　　　　）	

注意　1. 裏面の記載要領等に留意の上、記載してください。
　　　2. 税務署処理欄は、記載しないでください。

Column

税務調査による解決

　税務署等の行政機関では、納税者の申告内容について税務調査を実施することがあります。税務調査とは、納税者（法人・個人など）が適正に納税しているかどうかを国が調査する制度です。

　この調査によって申告内容の誤りや、明らかな虚偽申告があることが判明した場合には、修正申告などの対応が求められます。

　税務調査は事業の規模や税額などに関係なく、どこの企業でも行われる可能性はあります。ただ、調査官の人数は限られているため、特に、好況の業種や、過去脱税の多かった問題業種に対して行うことが多いといえます。

　税務調査では、自己申告された所得額に漏れや隠ぺいがないか、税額に計算ミスがないかといったことがチェックされます。総勘定元帳や現金出納帳・売上帳・仕入帳・賃金台帳・出退勤記録簿・決算書などの帳簿書類から、請求書・領収書・注文書・納品書・小切手帳・手形帳・タイムカードなどの証憑関係書類、議事録や契約書などの文書、パソコンや預金通帳も調査の対象になります。

　調査を担当するのは、法律で権限を与えられた税務署の調査官です。調査の対象となる税目に消費税も含まれるわけですが、消費税単独の調査ではなく、所得税や法人税などと同時に調査されることが多いようです。

　税務調査の際には、おもに帳簿類の確認が行われますから、日頃から正確な帳簿を作成してすぐに提出できるようにしておかなければなりません。

　また、消費税に関する税務調査については、仕入税額控除や課税対象額に対する見解の相違が指摘されることも多いようですので、必要に応じて税理士等に相談しておくべきでしょう。

索　引

【監修者紹介】

武田　守（たけだ　まもる）

1974年生まれ。東京都出身。公認会計士。

慶應義塾大学卒業後、中央青山監査法人、太陽ASG有限責任監査法人（現太陽有限責任監査法人）、東証１部上場会社勤務等を経て、現在は武田公認会計士事務所代表。

監査法人では金融商品取引法監査、会社法監査の他、株式上場準備会社向けのIPOコンサルティング業務、上場会社等では税金計算・申告実務に従事。

会社の決算業務の流れを、監査などの会社外部の視点と、会社組織としての会社内部の視点という２つの側面から経験しているため、財務会計や税務に関する専門的なアドバイスだけでなく、これらを取り巻く決算体制の構築や経営管理のための実務に有用なサービスを提供している。

著作として『株式上場準備の実務』（中央経済社、共著）、『入門図解　会社の税金【法人税・消費税】しくみと手続き』『不動産税金【売買・賃貸・相続】の知識』（小社刊）がある。

事業者必携

税率10％、軽減税率制度に対応！

入門図解　消費税のしくみと申告書の書き方

2019年10月30日　第１刷発行

監修者	武田守
発行者	前田俊秀
発行所	株式会社三修社
	〒150-0001　東京都渋谷区神宮前2-2-22
	TEL　03-3405-4511　FAX　03-3405-4522
	振替　00190-9-72758
	http://www.sanshusha.co.jp
	編集担当　北村英治
印刷所	萩原印刷株式会社
製本所	牧製本印刷株式会社

©2019 M. Takeda Printed in Japan

ISBN978-4-384-04828-5 C2032